Villegas
editores

PARA NUESTROS PAPÁS,
BENJAMÍN Y GEORGE,
PORQUE NUNCA ES TARDE
PARA APRENDER...

VILLEGAS • KENT

PÚBERMAN

ILUSTRACIÓN
IVAN CHACÓN (CHAC)

COLORISTA
ANDRÉS GÓMEZ
GUIÓN COMIC
ANDRÉ DIDYME-DOME
DISEÑO
NICOLÁS RAMÍREZ

ASESOR PROFESIONAL
DR. FELIPE RUEDA SÁENZ

DIRECCIÓN, TEXTOS Y EDICIÓN: VILLEGAS • KENT

REVISIÓN DE ESTILO: STELLA FEFERBAUM Y LUIS FERNANDO CHARRY

REVISIÓN PROFESIONAL: DR. FELIPE RUEDA SÁENZ, MEDICINA FAMILIAR Y PREVENTIVA, MIGUEL RUEDA SÁENZ, PSICOLOGÍA CLÍNICA HELGA LÓPEZ PSICOLOGÍA CLÍNICA Y EDUCACIÓN, DR. KENNETH REED, DERMATOLOGÍA Y LUIS FERNANDO GÓMEZ PSICOLOGÍA

LA INFORMACIÓN DE ESTE LIBRO NO ASPIRA EN NINGÚN CASO A REEMPLAZAR LA COMUNICACIÓN ENTRE JÓVENES Y PADRES, ACUDIENTES, MÉDICOS, PSICÓLOGOS U OTROS PROFESIONALES DE LA SALUD. INTENTA SER SÓLO UN RECURSO ADICIONAL DE INFORMACIÓN.

LIBRO CREADO, DESARROLLADO Y EDITADO EN COLOMBIA POR VILLEGAS EDITORES S.A., AVENIDA 82 #11-50, INTERIOR 3 BOGOTÁ D.C., COLOMBIA, CONMUTADOR 57.1.6161788 FAX 57.1.616.00.20 INFORMACION@VILLEGASEDITORES.COM

© VILLEGAS • KENT
© VILLEGAS EDITORES 2006
SÉPTIMA REIMPRESIÓN: JULIO DE 2011
ISBN 978-958-8156-77-4

LAS AUTORAS AGRADECEN A CASA LUKER, POR EL APOYO INSTITUCIONAL PARA LA PRIMERA EDICIÓN DE ESTA OBRA.

WWW.PUBERMAN.COM.CO

WWW.VILLEGASEDITORES.COM

TAMBIÉN AGRADECEN ENORMEMENTE A:
JUAN PABLO AKL, MAURICIO ASTA,
DIEGO BERMÚDEZ, JERÓNIMO
BERMÚDEZ, TOMAS BERMÚDEZ,
ESTEBAN BOTERO, HORACIO BOTERO,
JUAN FELIPE BOTERO, LORENZO
CABALLERO,

JOSÉ FERNANDO CALDERÓN,
JORGE CHACÓN, FELIPE CORRAL,
JUAN MARTÍN GALVIS, JAIME
HERRERA, DANIEL ISAZA, LUIS
LONDOÑO, FELIPE MARTINEZ
MICHELSEN, JAVIER MÉNDEZ,
CARLOS MICHELSEN ECHAVARRÍA,
JULIÁN MONTEJO,

FRANCISCO MONTOYA, STELLA MUÑOZ,
SIMÓN WOHLGEMUTH NEIRA, MAURICIO
NOGUERA, OZÓN, JUAN CARLOS
RICAURTE, IAN RIDLEY, EDUARDO
RODRIGUEZ Y CAMILO VILLEGAS
SALAZAR, POR TODOS SUS VALIOSOS
APORTES DURANTE LA PRODUCIÓN
DE ESTE LIBRO.

Aquí hay:

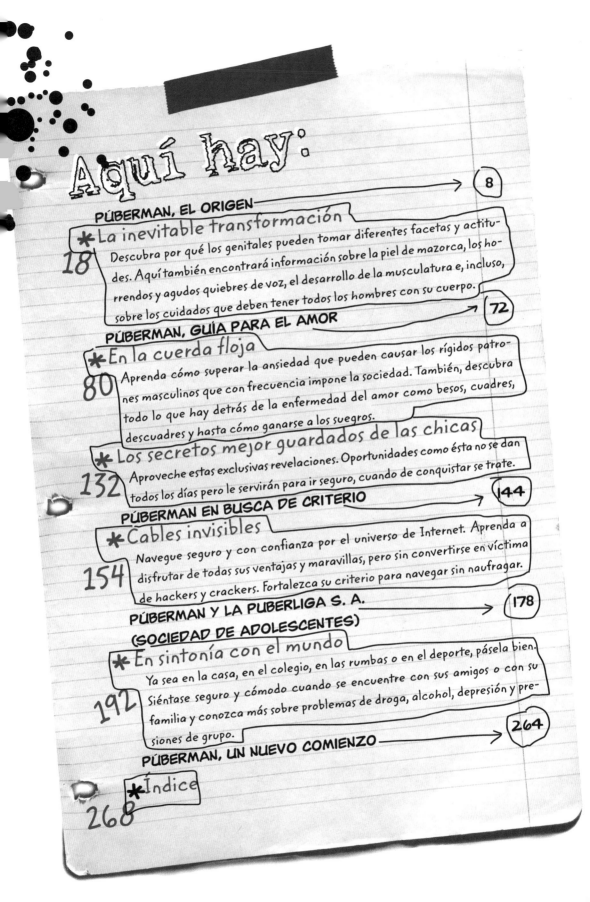

La inevitable transformación

¿ Sabía que durante la adolescencia el crecimiento del cuerpo es tan rápido que puede llegar a ser hasta de 9 cm por año ?

¡Me estoy deformando!

Para ampliar esta información visite: www.kidshealth.org/teen/en_español

Los cambios físicos de la pubertad están ligados al aumento de la producción de testosterona -hormona masculina- por los testículos. En esta etapa todo sucede tan rápido que ni el cerebro se alcanza a dar cuenta de todos los cambios:

- APARECEN PELOS EN LA CARA, LAS AXILAS Y ALREDEDOR DE LOS GENITALES
- APARECE ACNÉ
- EL SUDOR AUMENTA Y EMPIEZA A OLER
- SE DESARROLLA LA MUSCULATURA
- CAMBIA LA VOZ
- LOS GENITALES AUMENTAN DE TAMAÑO

El reloj genético de cada individuo es diferente, así que entrar en la pubertad poco antes o poco después de los amigos no tiene nada de malo.

DESARROLLO TARDÍO

Es una condición que se origina en una deficiencia de andrógenos, es decir, una insuficiencia de testosterona. Hay niños en los que algún problema físico les impide desarrollarse en el momento debido, pero para ello existen tratamientos.

Como ésta condición puede ser de origen genético, hay que preguntar al papá si él la tuvo.

Si no ha tenido ningún cambio en los testículos ni le ha salido vello púbico, y tiene más de 15 años, consulte a un médico.

Pelos por todos lados

Llegará el momento –por muchos esperado– en que ciertas partes de su cuerpo empiezan a llenarse de pelo o vello. No todos los hombres tienen la misma cantidad y cualquiera es normal. Aparece debajo del ombligo, en el pecho y alrededor de los genitales. Cuando comienza a salir parece un brote, porque los pelos están presionando la piel.

Este pelo, no se tiene que cortar, cuando alcanza cierto largo deja de crecer. Hay hombres que se afeitan estas zonas por vanidad, pero esa es una decisión totalmente personal.

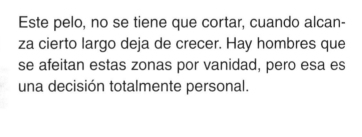

PRESIONANDO LIGERAMENTE SOBRE LA PIEL Y DE LA MANERA INDICADA EN LAS INSTRUCCIONES. HAY QUIENES INFLAN LOS CACHETES PARA TEMPLAR LA PIEL Y FACILITAR EL PROCESO.

LIMPIE LA MÁQUINA DESPUÉS DE CADA AFEITADA, SEGÚN LAS INSTRUCCIONES.

- Si tiene barros, tenga cuidado de no cortarlos para evitar infecciones.
- Cambie de cuchilla cada vez que pierda el filo.
- Luego de afeitarse puede usar crema humectante o tónico facial.
- Recuerde que la cuchilla es personal. No debe compartirse.

El etceso de grasa que causa el acné puede volverle el pelo grasoso. Además, si el pelo es grasoso y roza la cara o la frente, puede empeorar el acné. En este caso, lávelo con un champú para pelo graso.

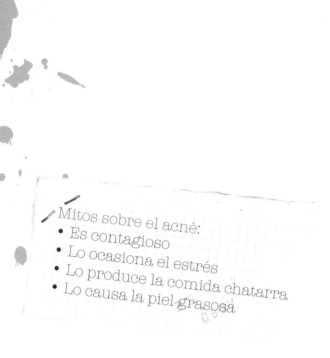

Lave la funda de la almohada al menos una vez por semana para evitar que las bacterias y la grasa se impregnen y generen una infección en la piel.

Mitos sobre el acné:
- Es contagioso
- Lo ocasiona el estrés
- Lo produce la comida chatarra
- Lo causa la piel grasosa

¿Cara de piña?

BARROS Y ERUPCIONES

La palabra genérica para este tipo de problemas es acné, otra de las consecuencias del despelote hormonal de la pubertad. Ocurre porque las hormonas producen en exceso una grasa llamada *sebum*, que tapa los poros y vuelve la piel grasosa y sudorosa.

La mayoría de personas experimentan este problema durante la pubertad, en mayor o menor medida. El acné puede aparecer en cara, hombros, espalda y pecho.

PARA NO EMPEORARLOS:

- LAVE LA ZONA CON AGUA Y JABÓN NATURAL A FIN DE ELIMINAR LAS CÉLULAS MUERTAS.
- NO LOS REVIENTE, NI DEJE QUE SU MAMÁ O SU NOVIA LO HAGAN. SE EXPONE A QUEDAR CON CICATRICES O HUECOS EN LA PIEL.
- EVITE RASCARLOS.
- SI EL ACNÉ LO HACE SENTIR MAL, VISITE A UN DERMATÓLOGO, QUE ES EL MÉDICO ESPECIALIZADO EN PROBLEMAS DE PIEL.

LOS HOMBRES TAMBIÉN VAN AL DERMATÓLOGO.

Otros problemas de la piel

EL VIRUS DEL HERPES es contagioso. Existen diferentes variedades y no sólo se transmite por vía sexual. Los fuegos en la boca son una de sus manifestaciones. Si le sale uno, evite los besos y compartir bebidas o comida. No los manosee y no se sorprenda si le vuelven a salir.

LAS VERRUGAS son una infección viral y contagiosa. Aparecen en cualquier lugar y con diferentes formas y tamaños. No es claro que se puedan prevenir, pero se sospecha que con prácticas de higiene, como mantener las manos bien limpias y usar chanclas en lugares públicos, se reduce el riesgo de contraerlas. Para eliminarlas, consulte a un dermatólogo.

LOS LUNARES son manchas en la piel que toman diferentes formas y colores. Casi todos son inofensivos, pero ¡ojo! vaya al médico si nota que aumentan de tamaño, cambian de color, duelen, sangran o rascan.

LOS ECZEMAS son afecciones que se presentan con irritación de la piel. Pueden provocar brotes, ardor, dolor y rasquiña. No se moleste. Evite los jabones fuertes, los baños largos y las prendas de lana virgen. Trate de mantener la piel humectada y consulte a un dermatólogo.

LAS ALERGIAS son una reacción del cuerpo frente a algo nocivo. Pueden aparecer en ojos, nariz, piel, estómago o pulmones, con irritación, brotes, náuseas, tos o dificultad respiratoria. Piense si hizo o comió algo diferente que pueda haber producido la alergia.

Si le gusta, puede echarse agua de colonia pero ¡ojo!
• No la use para camuflar los malos olores.
• No exagere con la cantidad
• No crea que reemplaza el baño.

Sudoroso y apestoso

Sudar es natural. También es normal que el sudor tienda a oler fuerte.

Las partes del cuerpo más propensas a oler son:

- LAS AXILAS
- LOS GENITALES
- LOS PIES

¿QUÉ HACER?

- BÁÑESE BIEN CON AGUA Y JABÓN, SIN OMITIR NINGUNA PARTE DEL CUERPO.
- NO VUELVA A PONERSE LA ROPA SUDADA DESPUÉS DEL BAÑO.
- USE DESODORANTE O ANTIPERSPIRANTE EN CUALQUIER PRESENTACIÓN.
- USE ROPA INTERIOR DE ALGODÓN.

¿ Sabía que la cafeína es una substancia que activa las glándulas del sudor ?

La ginecomastia es el desarrollo de la glándula mamaria en los hombres. Es relativamente común y a veces necesita cirugía.

¡¡No!!
¿Tetas encima de todo?

Las tetillas también sufren cambios; se vuelven más sensibles y pueden doler. El pezón puede aumentar de tamaño y la aureola, esa piel de color más intenso que lo rodea, se expande y oscurece.

También pueden aparecer una especie de bolitas debajo de los pezones, las que no lo deben preocupar. Generalmente no crecen como en las niñas, ni ofrecen peligro. Eventualmente, la molestia y la hinchazón desaparecen. De lo contrario, consulte con su médico.

¡¡¡KÍKÍRÍKÍ!!!

Al igual que el resto del cuerpo, con las hormonas la voz también cambia, volviéndose más profunda y gruesa. Las cuerdas vocales se ensanchan y la manzana de Adán empieza a notarse en el cuello.

Durante este cambio aparecen con frecuencia los conocidos 'gallos' o quiebres de voz. Suenan como chillidos incontrolables y en algunos casos son más notorios que en otros. No hay nada para evitarlos. Hay que tener paciencia y esperar a que la voz termine de madurar.

¿CUÁNTO DURAN?
Entre unas semanas y unos meses, dependiendo de cada hombre.

Genitales

1 **PREPUCIO:** piel que recubre el glande

2 **GLANDE:** cabeza del pene.

3 **FRENILLO:** es la parte más sensible del pene, donde el prepucio se une con el glande.

4 **URETRA:** tubo que conduce la orina y el semen fuera del cuerpo.

5 **VESÍCULAS SEMINALES:** producen y almacenan el líquido seminal.

6 **PRÓSTATA:** glándula que produce la mayoría del flujo seminal.

7 **EPIDÍDIMO:** conecta los testículos con el resto del sistema. Allí terminan de madurar los espermatozoides.

8 **CONDUCTO DEFERENTE:** hace parte del sistema de transporte de los espermatozoides desde los testículos.

9 **TESTÍCULO:** órgano par en donde se producen los espermatozoides y la testosterona.

10 **ESCROTO:** bolsa de piel que contiene los testículos.

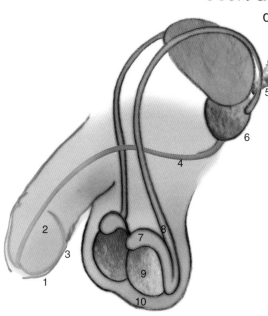

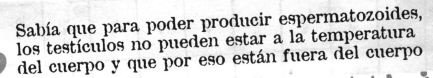

Sabía que para poder producir espermatozoides, los testículos no pueden estar a la temperatura del cuerpo y que por eso están fuera del cuerpo

El tamaño del pene: es una de las mayores preocupaciones de los hombres. En el mercado se ofrecen toda clase de productos y métodos para agrandar su tamaño, como pastillas, jalar el pene y los testículos diariamente y bombas para el pene. Ninguno de ellos funciona porque el tamaño del pene es inalterable. Aprenda a aceptar el suyo.

OJO: Si a los 14 años no puede retraer completamente el prepucio, consulte a un médico.

Circuncisión

Cirugía sencilla que consiste en cortar el prepucio. Por lo general se realiza en los primeros meses de vida por razones religiosas, culturales, de salud o de higiene, aunque en algunos casos se hace más adelante.

El funcionamiento del pene no se modifica después de la circuncisión, aunque su apariencia es algo diferente.

SI USTED NO ES CIRCUNCIDADO:

- ES MUY IMPORTANTE SER EXIGENTE CON LA LIMPIEZA DEL GLANDE PARA EVITAR INFECCIONES Y OLORES DESAGRADABLES.
- PARA LAVARSE BIEN, DESCUBRA LA PUNTA DEL PENE EMPUJANDO LA PIEL HACIA ATRÁS.
- CONSULTE AL MÉDICO SI TIENE DOLOR O MOLESTIAS AL TRATAR DE BAJAR EL PREPUCIO PARA DESCUBRIR EL GLANDE.
- EVITE QUE EL PREPUCIO SE PEGUE AL GLANDE. LAVE CON FRECUENCIA Y ELIMINE LOS RESTOS DE SMEGMA –SECRECIÓN AMARILLENTA QUE SE ALMACENA BAJO EL PREPUCIO– QUE EN OCASIONES HACE QUE SE PEGUE.

Pelotas y demás

Por lo general, los genitales completan su crecimiento entre los 15 y los 17 años de edad.

CAMBIOS

- LOS TESTÍCULOS EMPIEZAN A CRECER Y PUEDEN HACERLO A RITMOS DIFERENTES.
- EL ESCROTO SE ESTIRA, SE OSCURECE Y SE ARRUGA GRADUALMENTE. ESTO PUEDE SUCEDER ANTES O DESPUÉS DE LA SALIDA DEL PELO PÚBICO.
- EL PENE COMIENZA A CRECER DESPUÉS DE HABERSE GENERADO ALGÚN CAMBIO EN LOS TESTÍCULOS.

UNA MÁS GRANDE QUE LA OTRA

No se angustie si tiene una pelota más grande o más abajo, ya que por lo general crecen a ritmos diferentes. Además, el cuerpo no es simétrico.

Conozca sus testículos y familiarícese con su forma y textura. Por ejemplo, trate de ubicar el epidídimo, que se siente como una protuberancia en la parte posterior del testículo.

Aprenda a autoexaminarse los testículos
El cáncer en los testículos no es muy común en los adolescentes, pero hay otras condiciones que sí lo son. Si nota cualquier cambio o alteración, consulte.

¡Párele bolas!
Hágalo durante el baño cuando el cuerpo está relajado. Agarre suavemente cada testículo por separado y, con las yemas de los dedos, tóquelo para ver si siente algún cambio, como lo puede ser la aparición de una bolita.

TESTÍCULOS ENREDADOS O TORCIÓN TESTICULAR

Los testículos se pueden enredar en su propio cordón, dentro del escroto, produciendo dolor extremo, vómito y fiebre. Aunque no se sabe exactamente por qué sucede, la única manera de corregirlo es mediante una cirugía.

PÁPULAS GENITALES

Puede suceder que aparezca una especie de granitos blancos en la parte inferior del pene. Por lo general, se trata de una condición normal, pero si ha tenido relaciones sexuales sin protección se puede tratar de alguna enfermedad infecciosa. No se le ocurra espicharlos o rascarlos. Si le molestan o cree que se trata de una infección, consulte con su médico.

TESTÍCULO QUE NO BAJA

Cuando los hombres nacen, los testículos deben estar en el escroto. Es posible que uno de ellos no baje. Nadie sabe por qué sucede, pero si no baja solo en los primeros años de vida, se debe corregir con una cirugía.

¿ Sabía que el testículo izquierdo está siempre un poco más bajo que el derecho

¡¡Auch!!

El pene y el escroto son tal vez los órganos más desprotegidos del hombre y por eso mismo son los más expuestos a accidentes. Por lo general las lesiones son menores y no causan daño permanente, pero pueden producir dolor y náuseas. Dígale a un adulto que lo lleve a un médico si:

- SUBE LA FIEBRE
- EL DOLOR NO DESAPARECE EN 1 HORA
- EL ESCROTO ESTÁ MORADO O INFLAMADO
- SIGUE CON NÁUSEA Y VÓMITO

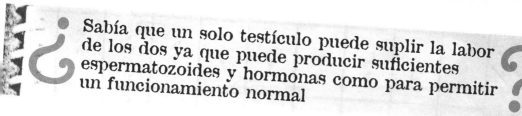

LA TRAMPA

Además de una patada durante un partido, hay otras cosas que le pueden ocurrir al pene. Una de ellas es:

¡QUEDARSE ATASCADO EN LA CREMALLERA DEL PANTALÓN!

EN ESTE CASO:

- NO SIGA CERRANDO LA CREMALLERA.
- JALE LOS LADOS CON SUAVIDAD PARA ABRIRLA DEL TODO.
- AGUANTE EL DOLOR PORQUE NO HAY DE OTRA.
- PÓNGASE HIELO EN LA ZONA.
- APLÍQUESE UNA CREMA ANTIBACTERIAL SI TIENE HERIDA.

Pene fracturado:
Aunque parezca irónico, un pene en erección es susceptible de tener un accidente en que se fracture, así no tenga huesos.

Es recomendable ponerse las medias antes que los calzoncillos para evitar arrastrar los hongos de los pies a los genitales.

Tráguese la vergüenza...

No le de vergüenza buscar ayuda de un adulto y visitar al médico si:

- SIENTE ARDOR AL ORINAR.
- LE DUELE EL PENE.
- TIENE DOLOR EN EL ESCROTO O EN LOS TESTÍCULOS SIN UNA RAZÓN APARENTE.
- SIENTE UNA PIQUIÑA INSOPORTABLE; PUEDE SER QUE TENGA UN HONGO.
- LE SALE SECRECIÓN POR EL PENE.

¿Sabía que el pene de los cerdos tiene forma de descorchador y que sus orgasmos duran 30 minutos?

Sueños húmedos

Un sueño húmedo –polución o emisión nocturna– es muy distinto a mojar la cama. Es aquel en el que se eyacula dormido y sucede desde los 13 o 14 años. Esto es supernormal y se trata de una reacción incontrolable del cuerpo. A pesar de que algunos jóvenes se sienten incómodos al no poder evitarlos, no hay nada que hacer cuando esto sucede. Al despertar la ropa se encuentra mojada y pegajosa.

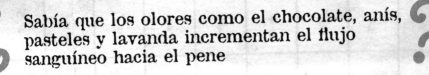

Erecciones

El pene está compuesto por tejidos que se llenan de sangre. La erección se produce cuando los músculos de la base del pene se contraen de manera sistemática e impiden el regreso de la sangre.

Esto hace que el pene se hinche, se estire y se ponga duro. El escroto se contrae y el pene tiende a cambiar de color. Algunas erecciones suceden espontáneamente y otras son producto de la excitación.

El tamaño de un pene en reposo no se relaciona con el tamaño que alcanza durante una erección. El promedio del tamaño de una erección para todos los hombres es de 14 a 15 cm, sin importar su medida en estado de flacidez. El pene aumenta a lo largo y a lo ancho.

MOMENTOS EN QUE SE PUEDE TENER UNA PAROLA:

- DURANTE EL SUEÑO PROFUNDO
- AL DESPERTARSE
- AL TOCARSE EL PENE O MANOSEARSE
- AL MIRAR A UNA VIEJA BUENA
- AL ESTAR NERVIOSO
- SI TIENE MUCHAS GANAS DE HACER PIPÍ

Dolor de huevas:
No es una enfermedad y no requiere tratamiento médico. Ocurre cuando hay erecciones prolongadas sin eyaculación. Eventualmente, la erección baja, pero los testículos se resienten y duelen.

Mentiras sobre el tamaño del pene:
- Los de nariz grande tienen pene grande.
- Ciertas razas o grupos étnicos tienen el pene más grande.
- Los hombres grandes, altos y acuerpados tienen el pene más grande que los bajitos.
- Las mujeres disfrutan más el sexo si el hombre tiene el pene grande.

¿CUÁNTO DURA Y CÓMO SE QUITA?

Una parola puede durar unos pocos segundos o varios minutos. Desaparece sola o después de una eyaculación.

¿CÓMO SE VÉ EL PENE EN ERECCIÓN?

Todos son diferentes y toman formas distintas. Pueden verse rectos, algo curvos o medio doblados. También pueden pararse en distintos ángulos, viéndose verticales y casi pegados al estómago o más desprendidos.

Si una erección lo sorprende en un momento inesperado, trate de distraer la mente para que se le pase rápido. Por ejemplo:
- Trate de acordarse de las fechas de cumpleaños de los miembros de toda su familia.
- Cuente desde 200 hacia atrás.
- Piense en marcas de carros con cada letra del abecedario.

¿QUIÉN TIENE ERECCIONES?

Los hombres y a todas las edades.

¿CUÁNTAS ERECCIONES ESPONTÁNEAS SON NORMALES EN UN MISMO DÍA?

Cualquier cantidad. Unos tienen muchas, otros pocas, otros ninguna.

Fantasías sexuales

Son sueños o pensamientos vinculados al sexo. Casi todo el mundo los tiene. Son producto de la imaginación y no tienen nada de malo. No deben producir inseguridad ni remordimiento porque el hecho de tenerlos no significa que vayan a suceder.

Las fantasías lo ayudan a aprender sobre sus deseos y sentimientos sexuales en un ambiente libre de riesgos, porque están sólo en la imaginación. Son normales, pero no deje que se conviertan en su vida. Si se vuelven demasiado intensas, se pueden convertir en un problema. En dado caso, consulte con un profesional.

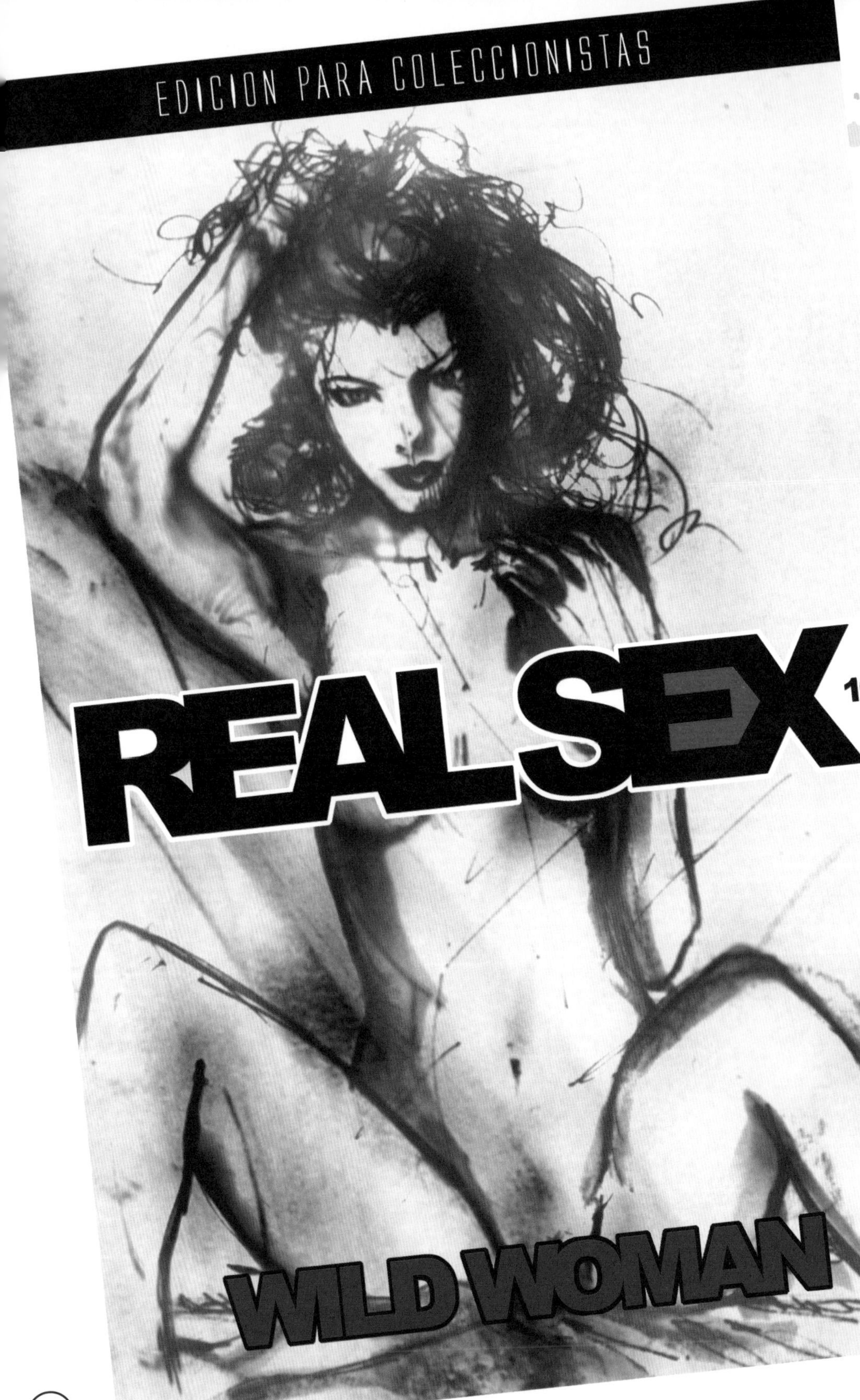

REAL SEX 100

WILD WOMAN

Sólo negocio

Querer ver una revista o una película pornográfica no lo convierte en pervertido sexual. La pornografía es un negocio que ha existido siempre y no sería tan bueno si usted fuera el único interesado.

TENGA EN CUENTA:

- DETRÁS DE LAS IMÁGENES HAY MUCHO TRABAJO DE PRODUCCIÓN, TANTO EN RELACIÓN CON LA POSE DE LAS PERSONAS COMO CON EL ESFUERZO PARA HACERLAS PARECER PERFECTAS, PROVOCADORAS Y MUY SENSUALES.
- MUCHAS DE ESTAS MODELOS HAN SIDO OBLIGADAS A SOMETERSE A GRANDES CIRUGÍAS DE CUERPO Y ROSTRO PARA VENDER MÁS. NO LAS TOME COMO PUNTO DE REFERENCIA.
- TODO LO QUE VÉ ES UN MONTAJE Y UNA FANTASÍA. NO ESPERE QUE LAS MUJERES CON LAS QUE SE RELACIONE SEAN ASÍ.
- VER PORNOGRAFÍA ES UNA DECISIÓN ENTERAMENTE PERSONAL.
- EVITE QUE SE LE CONVIERTA EN UNA OBSESIÓN. LA IMAGEN QUE LE TRANSMITE DEL SEXO Y LOS INDIVIDUOS ES FALSA.

Muchos de los modelos pornos son producto de la explotación sexual y del tráfico humano.

Sabía que los delfines tienen sexo por placer igual que los humanos ?

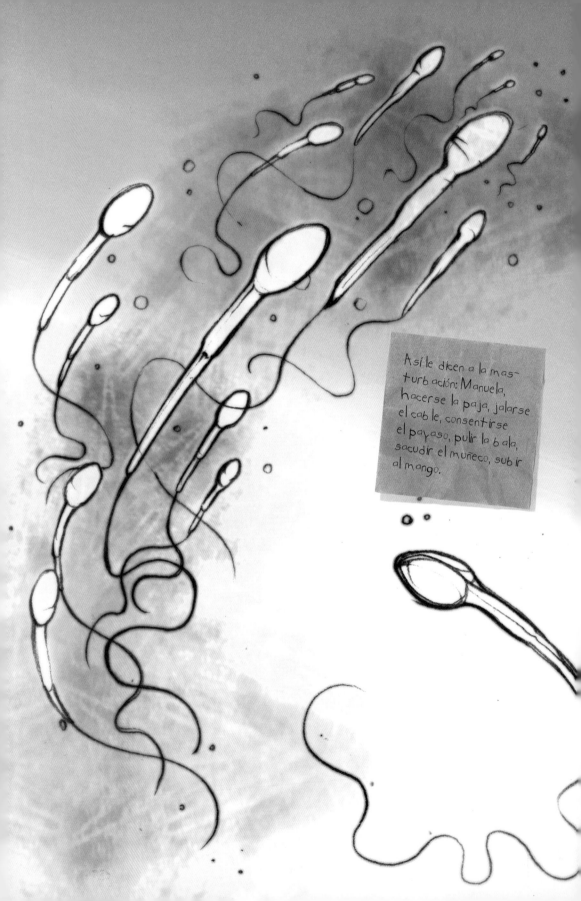

Así le dicen a la masturbación: Manuela, hacerse la paja, jalarse el cable, consentirse el payaso, pulir la bala, sacudir el muñeco, subir al mango.

Eyaculación

El semen es el líquido que sale a través de la uretra, durante la eyaculación. Está producido para proteger a los espermatozoides y para darles alimento y energía.

Los espermatozoides se producen en los testículos, y maduran en el pidídimo. Después pasan al conducto deferente en donde pueden quedar almacenados hasta la siguiente eyaculación.

Sólo se puede eyacular cuando se está suficientemente maduro para producir espermatozoides y líquido seminal. Esto ocurre alrededor de los 13 años y es el signo de que usted ya puede embarazar a una mujer.

MASTURBACIÓN

Se trata simplemente de la estimulación de los genitales con la mano hasta producir un orgasmo y, generalmente, en los hombres culmina en una eyaculación. Algunos hombres se masturban, otros no.

Aunque no siempre ha sido así, hoy es considerado como algo completamente normal. Por eso, es importante saber que no tiene nada de malo y que masturbarse no le hace ningún tipo de daño al cuerpo.

En general un orgasmo se acompaña de una eyaculación. Sin embargo, hay que saber que el semen tiene una producción limitada y por eso, cuando se agota, es posible obtener orgasmos sin eyacular.

Nuestros antepasados creían que si se masturbaban podían:
- Quedar ciegos
- Terminar con las palmas de las manos llenas de pelo
- Enloquecer
- Agotar todos los espermatozoides
- Hacerle daño al pene

No espante, atraiga

NO ESPERE A QUE EL PELO PAREZCA UNA BARRA DE MANTECA PARA LAVARLO. HÁGALO CADA VEZ QUE SEA NECESARIO CON EL CHAMPÚ PARA SU TIPO DE PELO. SI LE MOLESTA EL ESPONJADO, USE UNA CERA (WAX) PARA MANEJARLO A SU GUSTO.

EVITE QUE SU PAREJA LE ACARICIE LA CABEZA Y ENCUENTRE UNA MARAÑA. SI SU PELO ES LARGO, SUJÉTELO EN UNA COLA O CON UNA BANDA PARA ESPANTARLO DE LA CARA. SI LE GUSTA SUELTO, MANTÉNGALO DESENREDADO.

NO DEJE QUE SU CABEZA SE CONVIERTA EN UN ZOOLÓGICO. SI LOS PIOJOS LO ATACAN, COMBÁTALOS CON UN PRODUCTO PARA ELLO. SI NO LOS TIENE, EVITE EL INTERCAMBIO DE CEPILLOS O PEINILLAS QUE PUEDEN CONTAGIARLO.

NO CAMBIE DUCHA POR AGUA DE COLONIA. TOME UN BUEN BAÑO CON AGUA Y JABÓN CADA VEZ QUE LO CREA NECESARIO.

NO PAREZCA UN MUÑECO DE NIEVE. LA CASPA ES UN PROBLEMA SUPERCOMÚN EN LAS PERSONAS CON CUERO CABELLUDO RESECO. SE PUEDE QUITAR FÁCILMENTE CON UN CHAMPÚ ESPECIAL.

NO DEJE QUE SUS UÑAS SE CONVIERTAN EN GARRAS; CÓRTELAS RECTAS Y LÍMPIELAS CON UN CEPILLO. CUIDARSE LAS UÑAS NO ES SER NENA.

NO TUMBE A NADIE CON SU ALIENTO DE PERRO. CEPÍLLESE LOS DIENTES Y USE SEDA DENTAL A DIARIO. CEPILLE TAMBIÉN LA LENGUA PARA MATAR LOS GÉRMENES QUE CAUSAN EL MAL ALIENTO.

MANTENGA SUS MANOS LIMPIAS, ESPECIALMENTE DESPUÉS DE IR AL BAÑO.

USE LAS CHANCLAS CON DIGNIDAD. MANTENGA LOS PIES ASEADOS, LIBRES DE CALLOS Y CON LAS UÑAS LIMPIAS Y BIEN CORTADAS.

La dismorfia muscular es un desorden originado en la preocupación excesiva por volverse musculoso. Una persona con dismorfia no ve sus músculos por desarrollados que estén.

Músculos

Pensar en tener una gran musculatura antes de la pubertad no es una buena idea. El uso de pesas no se recomienda antes de la adolescencia porque pueden causar mas daños que beneficios.

LOS HOMBRES QUIEREN MÚSCULOS MÁS GRANDES PARA:

- HACERSE MÁS FUERTES.
- MEJORAR SU IMAGEN FÍSICA.
- EVITAR BURLAS POR LA GORDURA O LA EXCESIVA FLACURA.

¿QUIERE LEVANTAR PESAS?

- CONSULTE ANTES A SU MÉDICO.
- ASESÓRESE CON UN ENTRENADOR CALIFICADO Y SIGA SUS INS-TRUCCIONES.
- NO SE EXCEDA, DEJE DESCANSAR SU CUERPO POR LO MENOS 24 HORAS ENTRE SESIONES. ES PREFERIBLE LEVANTAR POCO PESO REPETIDAS VECES QUE MUCHO PESO POCAS VECES.
- CUIDE SU ALIMENTACIÓN.

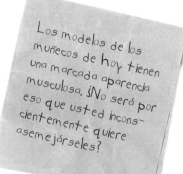

Los modelos de los muñecos de hoy tienen una marcada apariencia musculosa. ¿No será por eso que usted inconscientemente quiere asemejárseles?

¿Si el pene no tiene huesos, se ha preguntado cómo hacen los arqueólogos para determinar el sexo de un cadáver?

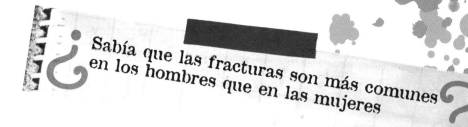

Evite el consumo etagerado de gaseosas y cafeína, pues su alto contenido de fósforo puede hacer que el calcio necesario para el cuerpo sea desechado por la orina.

Huesos y Fracturas

Los huesos tienen una altísima actividad metabólica, especialmente durante la etapa de crecimiento. Hay células que absorben constantemente hueso y otras que lo reemplazan por materiales nuevos. Esto es lo que permite que cuando ocurre una fractura, el hueso se pueda reparar de manera natural. Sin embargo, en ocasiones hay que inmovilizar la fractura para mantener la posición del hueso durante su regeneración.

Para tener huesos fuertes hay que consumir alimentos ricos en calcio y vitamina D.

La vitamina D se debe consumir en la dieta, sin embargo, para que esta pueda funcionar necesita el contacto con la luz del sol. Por eso hay que recibir por lo menos 20 minutos de sol al día.

¡Esos kilos!

Hay hombres que quieren ganar peso y otros que desean perderlo.

LOS QUE QUIEREN GANAR PESO CORREN EL RIESGO DE CAER:

- EN DESÓRDENES ALIMENTICIOS, COMO COMER COMPULSIVAMENTE, PERDIENDO EL CONTROL SOBRE LO QUE SE COME. LA PERSONA COME A ESCONDIDAS O SIN HAMBRE, POR NERVIOS O ANSIEDAD.
- EN EL USO DE ESTEROIDES Y OTROS SUPLEMENTOS, PARA GANAR MUSCULATURA.

LOS QUE QUIEREN PERDER PESO CORREN EL RIESGO DE CAER:

- EN DESÓRDENES ALIMENTICIOS COMO LA ANOREXIA, ENFERMEDAD EN LA QUE LAS PERSONAS DEJAN DE COMER, COMEN MUY POCO, O HACEN DIETAS EXAGERADAS.

No crea que estos problemas son sólo de mujeres. Son enfermedades tan graves que pueden causar serios problemas en la salud, e incluso la muerte. Busque ayuda inmediata si cree que sufre uno de ellos.

Factores de riesgo de anorexia en los hombres:
- Problemas familiares y emocionales
- Baja autoestima
- Presión por la apariencia física
- Necesidad de ser aceptados

¿PARA QUÉ HACEN TANTA DIETA LOS ADOLESCENTES?

PARA BAJAR DE PESO.

PARA MEJORAR EL RENDIMIENTO DEPORTIVO.

PARA VERSE COMO LOS MODELOS.

Hacer dieta durante el período de crecimiento es peligroso porque puede afectar el desarrollo.

Si tiene problemas de peso, lo mejor es comer de manera saludable y hacer ejercicio. Si los problemas persisten, visite a un nutricionista para que lo oriente.

Los problemas de salud más comunes en la adolescencia se relacionan con:
- Sobrepeso
- Vida sedentaria
- Comportamientos sexuales arriesgados

¡Use su cabeza y aprenda a cuidarse!

Para incrementar la absorción del hierro en el cuerpo consuma algo que tenga vitamina C en cada comida: jugos de cítricos, brócoli o tomate.

Aprenda a comer

A pesar de mantener una actividad física elevada, los adolescentes tienden a no alimentarse bien, llenándose de comida chatarra y saltándose las comidas. Lo grave es que ésta es precisamente la etapa en que el cuerpo necesita estar mejor alimentado.

COMA COSAS RICAS EN:

- CALCIO, QUE FORTALECE DIENTES Y HUESOS. SE ENCUENTRA EN LOS LÁCTEOS O EN LAS BEBIDAS Y PRODUCTOS FORTIFICADOS CON ESTE ELEMENTO.
- PROTEÍNAS, QUE SON IMPORTANTES PARA EL CRECIMIENTO Y EL DESARROLLO DE LOS MÚSCULOS. SE ENCUENTRAN EN CARNES, HUEVOS, SOYA, NUECES, FRÍJOLES Y LÁCTEOS.
- HIERRO, QUE ES ESENCIAL PARA LLEVAR EL OXÍGENO EN LA SANGRE POR TODO EL CUERPO. SE ENCUENTRA EN VÍSCERAS, GRANOS Y VEGETALES VERDES.

PARA LOS AFICIONADOS DE LAS VERDURAS

Los vegetarianos necesitan tener especial cuidado con su dieta e incluir suficiente cantidad de calcio, proteínas y hierro. Para el calcio consuma lácteos, hortalizas y comidas fortificadas con calcio. Para las proteínas, tofu, leche, fríjoles, granos, mantequilla de maní y cereales. Para el hierro, brócoli, espinaca, garbanzos y uvas pasas.

LOS VEGANOS

Son los vegetarianos integrales que no consumen ni utilizan ningún producto animal o derivado de animal como cuero, jabones, lácteos, lana o huevos.

Los veganos necesitan una dieta variada. En su caso, el calcio proviene de hortalizas y comidas fortificadas con calcio, pero pueden necesitar suplementos. Las proteínas provienen de la leche de soya, papas, fríjoles, granos, mantequilla de maní y cereales. Y el hierro del brócoli, la espinaca, los garbanzos y las uvas pasas.

Adicionalmente, los veganos necesitan vitamina E y vitamina B12, en forma de suplemento.

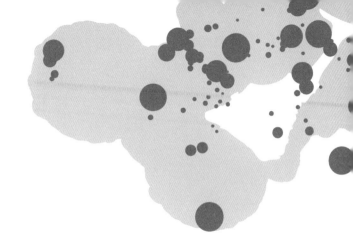

Foquiando

Todo el mundo necesita dormir para descansar, crecer, regenerarse y recargar las energías. La falta de sueño afecta la memoria, la concentración, el desempeño académico, el temperamento, el apetito y la piel. Los adolescentes necesitan por lo general 9 horas de sueño al día, así muchas veces los cambios hormonales disimulen el cansancio nocturno. ¡Duerma y no interrumpa su rutina de sueño!

¿SE LE QUITÓ EL SUEÑO?

El insomnio ocurre cuando no se puede dormir por sobreexcitación, consumo excesivo de cafeína, enfermedad y, sobre todo, preocupaciones. Si pasan más de 3 días sin que pueda dormir bien, trate de encontrar la razón de su preocupación y busque ayuda.

EL INSOMNIO:

- FRENA EL CRECIMIENTO.
- LO HACE SUSCEPTIBLE A LAS INFECCIONES.
- ALTERA SUS NEUROTRANSMISORES.
- AFECTA CONCENTRACIÓN Y MEMORIA.

Si se levanta y no puede abrir los ojos porque están pegados por la cantidad de lagañas, puede ser una infección, como una conjuntivitis. Humedezca unos copos de algodón con agua tibia para limpiarse. No se las arranque porque pueden empeorar la situación.

Una vez al año

Así le aburra, todo esto hay que hacerlo por lo menos una vez al año.

IR AL OFTALMÓLOGO
Para saber cómo andan los ojos, así no tenga problemas aparentes. Si hay algún problema con su visión el oftalmólogo le podría dar alguna de las siguientes opciones:

GAFAS: duran mucho tiempo y hay mil formas, estilos y colores para escoger. Sin embargo, se pueden rayar o romper.

LENTES DE CONTACTO: no afectan la apariencia. No obstante, son costosos y no pueden usarse para nadar o dormir.

CIRUGÍA LÁSER: es rápida y sencilla, aunque costosa. Además, no todos los problemas de la visión se pueden corregir con este método.

Experimento: si no cree que la seda dental sirva de algo, deje de usarla por un día y a la siguiente vez que lo haga, simplemente huélala. El olor es tan asqueroso que nunca más se le olvidará usarla.

IR AL OTORRINO

Para hacerse un control de audiometría. No espere a quedarse sordo. La pérdida de equilibrio también puede estar asociada con el oído, de ahí la importancia de la visita periódica.

IR AL ODONTÓLOGO

Para una limpieza anual profunda de los dientes y aplicar flúor para fortalecerlos.

Tenga cuidado con el volumen cuando utilice audífonos y con la cantidad de tiempo que los use al día. El oído es un órgano demasiado importante y delicado que se puede afectar fácilmente.

¿Sabía que existe una especie de velas especiales para limpiarse los oídos. Son cónicas y están envueltas en gasa. Para usarlas se introduce el extremo más delgado en el oído y se enciende la otra punta. A medida que la vela se quema, el humo entra al canal del oído, calienta la cera interna y la succiona hasta que queda atrapada dentro del cono

- N°6 SER UN DON JUAN...

¡VEN LINDA... SÓLO UN PIQUITO! ADEMÁS, MI NOVIA NO TIENE PORQUE...

...ENTERARSE

¡M-M-MI AMOR!, ESTO, ¡GLUP! NO ES LO QUE P-P-ARECE. TU AMIGA Y YO ESTAMOS ENSAYANDO PARA UNA OBRA DE TEATRO Y...

¡Y YO VOY A PRACTICAR FÚTBOL CONTIGO!

ME IMAGINO QUE AHORA, ¡NI UN PIQUITO EN LA MEJILLA!

¡TOME SU PIQUITO!

SECRETO PARA ENCONTRAR EL AMOR N°5: SI NO QUIERES SER RECHAZADO... ¡PIENSA EN LOS DEMÁS!

GRACIAS POE LLEVARNOS A COMER, POR INVITARNOS A CINE, POR COMPRARLE ES LINDO JUGUETE AL NIÑO Y POR REGALARLE ESE PRECIOSO ABRIGO DE PIEL A MI HIJA...

¿VERDAD QUE ÉL ES LINDO, MAMI?

En la
cuerda floja

Masculinidad

¿ESTÁ DE ACUERDO O NO?

- LOS HOMBRES SON MACHOS.
- LOS HOMBRES NO SIENTEN DOLOR.
- LOS HOMBRES NO LLORAN EN PÚBLICO.
- LOS HOMBRES NO DEMUESTRAN SUS DEBILIDADES.
- LOS HOMBRES SON BRUSCOS Y AGRESIVOS.
- LOS HOMBRES NO NECESITAN DE NADIE.
- LOS HOMBRES NO MUESTRAN SUS SENTIMIENTOS.

Aunque todas las afirmaciones anteriores son falsas, es posible que usted crea que ellas describen la manera como un hombre debe comportarse. Estos códigos, que no están escritos en ninguna parte, empiezan a asimilarse, como por inercia, desde el nacimiento y se manifiestan a partir de los 6 años.

Escoja las 5 cualidades que más le interesen de una mujer:

- Atractiva
- Bien arreglada
- Detallista
- Estudiosa
- Culta
- Moderna

- Madura
- Conversadora
- Popular
- Responsable
- Sensible
- Dulce

Ahora imagínese esas mismas cualidades en un hombre. ¿Las apreciaría de igual manera?

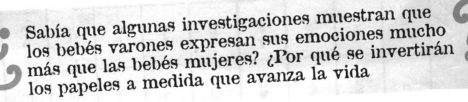

Sabía que algunas investigaciones muestran que los bebés varones expresan sus emociones mucho más que las bebés mujeres? ¿Por qué se invertirán los papeles a medida que avanza la vida

Si el mundo es un planeta compartido por dos sexos complementarios,

¿ES JUSTO QUE ALGUNO DE LOS DOS EXIJA SER TRATADO DE MANERA SUPERIOR?

¿USTED QUÉ OPINA?

El Diccionario de la Real Academia define el machismo como:

"ACTITUD DE PREPOTENCIA DE LOS VARONES RESPECTO DE LAS MUJERES".

¿QUÉ TAN MACHISTA ES USTED?
Recuerde que "machismo" no necesariamente significa masculinidad.

LOS MACHOS TAMBIÉN LLORAN
Los hombres tienen corazón y sentimientos, y llorar es una manera natural de expresarlos. Reprimir los sentimientos y no exteriorizarlos, no los hace más hombres y puede causarles enfermedades, depresiones o crisis nerviosas.

Películas en que los hombres lloran abiertamente: Rain man, Brave Heart (Corazón valiente), Matchpoint, Wings, Magnolia, American History X, The eternal sunshine of a spotless mind, Tan lejos y tan cerca, Schindler's list, Náufrago.

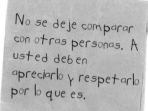

No se deje comparar con otras personas. A usted deben apreciarlo y respetarlo por lo que es.

Queriéndose

La autoestima es la imagen que uno tiene de sí mismo. Una autoestima alta lo hace sentir bien, aceptarse, quererse, tomar riesgos y alcanzar metas. Una autoestima alta es la mayor fortaleza para enfrentar la vida. Una autoestima baja es el mayor impedimento para hacerlo.

ALIMENTE LA AUTOESTIMA:

- IDENTIFIQUE LO POSITIVO DE SU PERSONALIDAD Y VALÓRELO.
- NO SE COMPARE CON LOS DEMÁS.
- AYÚDELE A OTROS.
- NO PRETENDA SER LO QUE NO ES.
- RESPÉTESE.
- CUIDE SU CUERPO Y SU APARIENCIA.
- APRENDA A ESTAR SOLO.

Autoestima y logros van de la mano. Las personas con autoestima alta no tienen por lo general la tendencia a tomar riesgos negativos.

¿Acomplejado por bajito?

La estatura, como otros rasgos físicos, puede ser hereditaria. También, cuando no se producen suficientes hormonas de crecimiento, la persona puede ser más baja que el promedio. Si tiene dudas, consulte a un médico.

La baja estatura acompleja a muchos. No debería ser así, ello no afecta el talento, la masculinidad, el éxito profesional o con las mujeres.

Hombres bajitos famosos: Napoleón, Mahatma Gandhi, Picasso, Al Pacino, Emilio Estévez, J. R. R. Tolkien, Simón Bolívar, Pablo Aimar.

¿Sabía que la incapacidad de identificar los sentimientos y comunicarlos se llama alexitimia?

Madurado biche

Cuando la inseguridad se apodera de uno, la autoestima disminuye. La reacción automática es tratar de ser complaciente para ganar aceptación.

Esta conducta es peligrosa. Fingir lo que no es o no se tiene, es exponerse a caer en situaciones inmanejables o a "madurarse biche". Esto, lo único que trae, es problemas y conflictos con su personalidad.

Rojo como un tomate
Es normal sentir timidez en situaciones desconocidas, frente a un público, o a la traga, entre otras. Si la timidez se convierte en un obstáculo, hay que combatirla.

Trucos para vencerla:
• Actuar con seguridad y seducción.
• Imaginar que quienes lo miran están desnudos.
• Pensar qué es lo peor que puede pasar y ver que nada es tan grave como parece.
• Respire profundo y láncese al agua.

Al obsesionarse con alguien, se corre el riesgo de espantarla. Evite dar falsas expectativas o burlarse de quien esté flechado con usted; no le haga a los demás lo que no quisiera que le hicieran a usted.

Enfermedad del corazón

Una traga puede confundirse fácilmente con una enfermedad. Esto le pasa a todo el mundo (sin excepciones, claro) y sorpréndase de lo placentera que puede llegar a ser.

SINTOMATOLOGÍA

Ante los demás, el paciente se encuentra en estado normal: verbaliza, vocaliza, tiene un color de piel y temperatura normal. Pero apenas se enfrenta a la 'traga' pierde la habilidad de verbalizar, tartamudea sin control y se enciende como un fósforo, suda como un caballo, le vuelan mariposas en el estómago y el corazón se le pone a mil.

REMEDIO ÚNICO

Hacer que la traga sea recíproca.

EL PRIMER AMOR

El primer amor es tal vez el único que nunca se olvida: la primera salida, la canción, el primer beso, el aroma . . . Es tan fuerte el recuerdo del primer amor que muchas parejas, después de toda una vida de otras experiencias, se reencuentran un día y pasan el resto de su existencia juntos.

El difícil camino de la conquista

Aunque puede ser difícil convertirse en un caballero con armadura y caballo, la conquista seguirá siendo la mayor expectativa de las personas enamoradas. Entre más original y creativo, más posibilidades de triunfo.

Si su intención es pedir el cuadre (y que se lo acepten), asegúrese antes de por lo menos conocerle la voz y arranque a la conquista.

LA SEDUCCIÓN

- PIENSE A LA ANTIGUA: SEA CABALLEROSO, ABRA LA PUERTA, CEDA EL PASO, REGALE UNA FLOR, OFREZCA SU CHAQUETA.
- GÁNESE A LOS SUEGROS Y ACORTE CAMINO.
- CONVIÉRTASE EN SU OÍDO ESTRELLA: NADA CAE MEJOR QUE ENCONTRAR ALGUIEN QUE ESTÉ DISPUESTO A OÍR TODO LO QUE SE QUIERE DECIR.
- TRATE A LAS MUJERES COMO A UNAS REINAS.
- DÉJELE CONOCER SUS DOTES DE BAILARÍN.

¡Amor a la vista!

En la adolescencia las decisiones no tienen que ser definitivas. Así que aproveche para conocer distintas personas.

Toda relación vale la pena, aunque implique siempre un riesgo emocional. De cada experiencia algo se aprende.

Juego limpio: Si se tiene un goce momentáneo, pero no intención de iniciar una relación, sea honesto y déjelo claro.

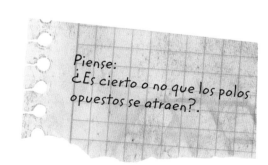

Piense:
¿Es cierto o no que los polos opuestos se atraen?.

Salidas exitosas que no necesitan mucha plata:
- Escalar o dar un paseo en cicla: lleve cosas para picar y agua.
- Hacer picnic: encuentre un lugar lindo y lleve comida, bebidas y un rico postre.
- Ir a un museo, preferiblemente a una exposición especial.
- Prepararle una comida romántica.
- Caminar por la playa, si está cerca.

Embolsíllese a los suegros:
1. Recoja a su novia en la puerta de la casa y salude a los papás en lugar de timbrarle por el celular para que baje.
2. Ande bien presentado por si se los encuentra.
3. No finja ser lo que no es, primero cae un mentiroso que un cojo.
4. No exagere con la cortesía, pareciendo un lambón.
5. No le haga visita a la novia en el cuarto y mucho menos en la cama.
6. Cumpla con la hora acordada de llegada.

Lo prohibido si está cuadrado:
• Obligar a su pareja a hacer algo que no quiera.
• Dejarse convencer de hacer algo de lo que no esté seguro.
• Faltarle al respeto.
• Ser infiel.
• Mantener una relación infeliz.

Pedir el cuadre

- INVÉNTESE UN ESCENARIO ESPECIAL PARA HACERLO.
- BUSQUE UN MOMENTO EN QUE PUEDAN ESTAR SOLOS.
- NUNCA LO HAGA FRENTE A SU GRUPO PARA EVITAR PRESIONES.
- HÁGALO EN PERSONA Y VAYA AL GRANO.
- NO PERMITA LA INCERTIDUMBRE Y DUERMA TRANQUILO: SON NOVIOS O NO SON.
- NUNCA PIDA UN CUADRE SI TIENE OTRA RELACIÓN.
- RECUERDE: LA PEOR DILIGENCIA ES LA QUE NO SE HACE.

Si lo rechazan va a sentirse apaleado. No se deje traumatizar, levante la cabeza y eche para adelante. Aunque no lo crea, lo superará más rápido de lo esperado.

Una pareja debería:
- Tenerse confianza mutua
- Apoyarse uno a otro
- Comunicarse bien
- Respetarse

¿Haría cualquier cosa por la niña de sus sueños?

1. ¿Saldría a la playa con una tanga narizona?
2. ¿Le cantaría una canción de amor en público?
3. ¿Se gastaría sus ahorros en un peluche gigante, una caja de chocolates y unas flores para ella?
4. ¿Se quitaría su chaqueta, a la antigua, para que ella no se ensucie sus zapatos?
5. Si su profesor de biología llevara al colegio ancas de rana para comer, ¿se comería las de ella para que sacara una buena nota?

Si su pareja tiene mal aliento, tenga mentas a la mano, cómase una usted y después ofrézcale una. Así no herirá sus sentimientos.

Mononucleosis, o enfermedad del beso, es una infección viral que se puede transmitir a través de la saliva. Se presenta con dolor de cabeza y garganta, ganglios inflamados, fiebre y mucho cansancio. Se diagnostica con un examen de sangre. Dura hasta un mes y se recomienda reposo.

Besos

FORMAS DE BESAR

- SUAVE -SE HACE CON CARIÑO, DULZURA Y TERNURA.
- ENCANTADORA -LLEGA AL ALMA.
- JUGUETONA Y ESPONTÁNEA -INVOLUCRA LOS DOS ANTERIORES.
- SEDUCTORA Y APASIONADA -INVOLUCRA EL CUERPO ENTERO.

PARA QUE NO SALGA CORRIENDO:

- ASEGÚRESE DE NO TENER MAL ALIENTO -USE MENTAS, ENJUAGUES O SPRAYS.
- RESPIRE NORMALMENTE.
- MANTENGA LOS LABIOS HÚMEDOS.
- TENGA LOS OJOS ABIERTOS HASTA ESTAR EN CONTACTO PARA EVITAR UNA ESTRELLADA.
- CONCÉNTRESE EN EL BESO.
- NO AHOGUE A SU PAREJA CON LA LENGUA.
- NO SEA BRUSCO.
- MANTENGA LAS BABAS BAJO CONTROL.

Besos con sangre: Si tiene frenos en los dientes, sea suave. Si el beso se prolonga y acalora, hay más posibilidades de cortase los labios. Baje la intensidad, pero sin herir sentimientos.

ATENCIÓN: Prepárese para la cachetada si la pareja no quiere besos.

NUNCA SUBESTIME EL PODER DE UN BUEN BESO...

Homosexualidad

Los homosexuales son personas que sienten atracción emocional, sentimental y erótica hacia aquellos de su mismo sexo, con quienes por lo general prefieren expresar su sexualidad.

Durante la vida se puede sentir atracción por alguien del mismo sexo o incluso llegar a tener alguna experiencia física en este sentido. Esto no significa ser homosexual, como disfrazarse de Supermán no hace volar.

Si se siente incómodo con los homosexuales, recuerde que son seres humanos iguales a usted, que tienen sentimientos y que merecen el mismo respeto.

Homofobia:
Es una aversión a los homosetuales. La vida en una cultura homofóbica restringe la libertad pues se obliga al individuo a seguir ciertas reglas sociales por miedo a la etclusión.

En realidad, cualquier persona puede ser homosetual. La homosetualidad ha estado presente en todas las culturas y durante toda la historia de la humanidad, en Roma y Grecia, por ejemplo.

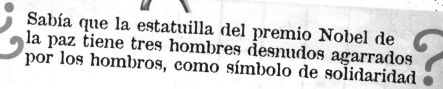

¿ Sabía que la estatuilla del premio Nobel de la paz tiene tres hombres desnudos agarrados por los hombros, como símbolo de solidaridad ?

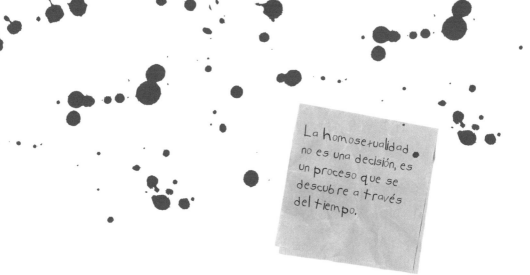

La homosexualidad no es una decisión, es un proceso que se descubre a través del tiempo.

SALIR DEL CLÓSET

Es cuando una persona homosexual acepta y enfrenta su preferencia sexual ante la familia, los amigos y la sociedad.

Es una decisión enteramente personal y nadie puede decir cuál es el momento adecuado para hacerlo.

El primer paso para salir del clóset es reconocer que se es homosexual. Si quiere hacerlo y se siente preparado para enfrentarlo, no tiene nada que perder. Si no está totalmente seguro, tómese el tiempo hasta estarlo.

PROS:
- SE SIENTE ALIVIADO AL SOLTAR EL GUARDADO.
- AUMENTA LA AUTOESTIMA.
- SE PUEDE ACTUAR ABIERTAMENTE.
- SE PUEDE DAR RIENDA SUELTA A LA PERSONALIDAD QUE ESTABA OCULTA.

CONTRAS:
- POSIBLE RECHAZO FAMILIAR Y SOCIAL.
- PELIGRO DE VIOLENCIA FÍSICA O EMOCIONAL.

Para los padres es difícil oír que su propio hijo es homosexual. Sin embargo, y a pesar de lo duro que parece, muchos terminan por aceptarlo y apoyarlo, pero también hay quienes lo rechazan.

No encontrar el valor suficiente para salir del clóset, puede ocasionar fuertes bajas de autoestima, frustración y engaño en un homosexual.

El discreto encanto de la virginidad

La virginidad puede ser vista como algo especial e incluso como un regalo. Sin embargo hay quienes la llevan como un estigma. Su pérdida indica el inicio de la vida sexual activa, decisión que debe ser personal, libre de presiones y consciente.

Si un hombre se arrepiente de haber perdido su virginidad, la opción es mentalizarse para convertirse en "virgen de segunda mano". En una mujer se puede hacer una himenoplastia, que es una cirugía en la que se reconstruye el himen.

CASA DE CITAS

Para algunos, las casas de citas son el lugar para experimentar y probar su capacidad de tener una relación sexual. Evítelas, pueden afectar su vida sexual para siempre:

- DEJANDO SENSACIÓN DE INSATISFACCIÓN, SUCIEDAD Y ARREPENTIMIENTO
- ADQUIRIENDO UNA ENFERMEDAD DE TRANSMISIÓN SEXUAL (ETS)
- BAJANDO LA AUTOESTIMA AL TENER QUE PAGAR PARA PODER "HACERLO"

Así usted no lo crea y por ridículo que suene... hay personas, también conocidas como vírgenes de segunda generación, que se arrepienten de haber perdido la virginidad y quieren "recuperarla", absteniéndose de tener sexo por semanas, meses o incluso hasta años.

Sexualidad

La sexualidad se puede expresar de muchas y diferentes maneras. Técnicamente, un acto sexual ocurre cuando dos personas tienen un contacto íntimo, personal y físico.

Se tiende a pensar que la sexualidad sólo se expresa con los genitales, pero esto no es del todo cierto. Por eso, muchos hombres creen erróneamente que el sexo sólo ocurre cuando hay penetración, es decir, cuando el pene se introduce en la vagina.

Idealmente, el acto sexual debe ser placentero. La sensación para ambas personas es similar, con lo que se busca lograr el orgasmo mutuo.

LA PRESIÓN DEL SEXO

Con frecuencia, los adolescentes se sienten intimidados frente a las mujeres en el tema del sexo, no sólo porque ellas maduran antes, sino también por la ansiedad que éste genera.

El no poder anticipar la respuesta física en un acto sexual, asociado a la creencia de que los hombres tienen que tomar la iniciativa, hace que estos se llenen de miedo e inseguridades, de manera innecesaria.

No se angustie, ni se apresure. Recuerde que todo llega en su momento.

SEXO ORAL

Ocurre cuando se usa la boca para estimular los genitales de otra persona. Cuando a un hombre le hacen sexo oral, se llama *felatio* y si se le hace a una mujer, *cunnilingus*. Si dos personas se lo hacen al tiempo uno al otro se conoce con el nombre de 69.

*EL SEXO ORAL TAMBIÉN PUEDE ACARREAR
ENFERMEDADES DE TRANSMISIÓN SEXUAL.*

Al felatio también le dicen: Mamada, tocar trompeta, hablar por la voz del guamo, flexiones de cuello, hablarle al país.
Al cunnilingus también le dicen: bajar al pozo, beso de mango, bajarle el balón, el cocodrilo.

Como las hormonas no ayudan a mantenerle la cremallera cerrada, piense antes de decidirse a tener una vida sexual activa. Este paso implica tener la madurez para afrontar las posibles consecuencias:

- SER PAPÁ Y TENER QUE ASUMIR LA RESPONSABILIDAD.
- CONTRAER UNA ENFERMEDAD DE TRANSMISIÓN SEXUAL COMO SÍFILIS, HERPES O ADQUIRIR EL VIH.
- ROMPER EL ESQUEMA DE VALORES DE SU FAMILA.
- DESTROZARSE EL CORAZÓN O EL DE LA OTRA PERSONA SI LA RELACIÓN SE ACABA.

ENFERMEDADES DE TRANSMISIÓN SEXUAL (ETS)

Son las que se contagian a través de una relación sexual. Entre las más comunes se encuentran el herpes, la gonorrea y el VIH. Según la enfermedad, se pueden manifestar de diferentes maneras, pero los síntomas iniciales más comunes incluyen:

- DOLOR Y ENROJECIMIENTO DE LOS GENITALES
- ARDOR AL ORINAR
- AMPOLLAS DENTRO Y FUERA DE LA BOCA O EN CUALQUIER LUGAR DEL CUERPO
- RASQUIÑA EN LOS GENITALES
- GARGANTA O GANGLIOS INFLAMADOS
- SÍNTOMAS DE GRIPA COMÚN, EN EL CASO DEL VIH.

No se autodiagnostique, visite a un médico lo antes posible.

SI NO SE TRATAN, PUEDEN PRODUCIR:

- CEGUERA
- ESTERILIDAD
- ENFERMEDADES MENTALES
- PROBLEMAS DEL CORAZÓN
- MUERTE

Anticonceptivos

Si en la postura del condón se le baja la parola, sáquenle gusto ambos y recuperen la erección. Volvérselo a poner es parte del juego.

Hoy día se tienen muchos métodos anticonceptivos a disposición. Entre las opciones están:

- CONDÓN
- RETIRADA
- ABSTINENCIA

CONDÓN

El condón, considerado el método de barrera más efectivo, es sencillamente un forro de látex que cubre el pene en estado de erección.

Hay que usarlo de manera adecuada, pues, de lo contrario, fracasa como protección.

Debe ponerse antes de la penetración y de cualquier contacto entre los genitales, porque el líquido que sale antes de la eyaculación puede contener espermatozoides. El condón protege de enfermedades de transmisión sexual y evita embarazos.

Sólo pros: son baratos, se consiguen sin prescripción médica en cualquier farmacia y el hombre tiene control sobre su protección.

CONDONES 100% CUERO

¿Cuáles de estos materiales se usaron como condones, antes de existir el látex?

1. Cuero
2. Seda engrasada
3. Lino
4. Tripas de pescado
5. Intestinos humanos

Ojo: el condón sólo puede ser usado una vez. Al retirarlo, envuélvalo en papel y bótelo a la basura, nunca al inodoro.

Ojo: si va a usar condón, no emplee lubricantes con aceite (vaselina) porque se rompe.

Ojo: ¡úselo siempre!

CONVIÉRTASE EN EXPERTO CON ESTA RECETA

INGREDIENTES:

✂ UN BANANO O PEPINO COHOMBRO DE GROSOR SIMILAR AL DE UN PENE EN ERECCIÓN.

✂ VARIOS CONDONES

1. Abra el condón por uno de sus extremos con la mano, nunca con los dientes porque puede romperlo accidentalmente.

2. Saque el condón y verifique que se encuentre en buen estado. Si está seco, bótelo porque está dañado.

3. Agarre el banano o el pepino y coloque el condón en el extremo. Con una mano presione la punta del condón para evitar que se llene de aire (lo que puede hacer que se rompa durante la relación sexual), y con la otra desenróllelo hasta cubrir totalmente el banano o el pepino.

4. Ensaye las veces que sea necesario, hasta que lo haga bien.

Cuando vaya a usarlo, asegúrese de que la envoltura del condón esté en perfectas condiciones y de que no haya pasado la fecha de vencimiento.

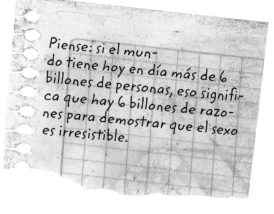

Piense: si el mundo tiene hoy en día más de 6 billones de personas, eso significa que hay 6 billones de razones para demostrar que el sexo es irresistible.

RETIRADA:

Es cuando se retira el pene antes de eyacular, evitando supuestamente que el esperma entre en la vagina.

No es un método muy recomendable. Primero, porque es un momento en que es muy difícil controlarse. Segundo, porque, aunque se logre, hay que recordar que antes de venirse pueden escaparse algunos espermatozoides.

ABSTINENCIA SEXUAL:

Es la decisión de no tener relaciones sexuales. Las personas que lo usan como método anticonceptivo lo hacen porque:

- NO ESTÁN SEGUROS DE QUERER TENER RELACIONES SEXUALES.
- QUIEREN EVITAR A TODA COSTA UN EMBARAZO.
- TIENEN RAZONES RELIGIOSAS O CULTURALES
- QUIEREN EVITAR EL CONTAGIO DE ALGUNA ETS.

Éste método requiere una voluntad de hierro. Con una sola vez que se rompa la regla, puede caerse en cualquiera de los riesgos.

Bajémosle al tono dominante...

Una relación necesita de una buena comunicación. Ambos deben participar en las decisiones y compartir las responsabilidades. Sin embargo, a veces uno de los dos se olvida de ello.

¿Qué hacer cuando su mamá odia a su novia?
Desde que lo tuvo, es posible que su mamá haya tenido una imagen de la mujer soñada para usted. Por esta razón, si su novia no se ajusta a esa imagen, no trate de forzar la relación entre ellas.

NO PERMITA QUE LA OTRA PERSONA:

- LE ESCOJA SUS AMIGOS.
- TOME TODAS LAS DECISIONES POR USTED.
- LE ORGANICE SU HORARIO.
- LOGRE QUE SU FAMILIA LA PREFIERA A USTED.
- TENGA SIEMPRE LA ÚLTIMA PALABRA.
- LO RASTREE CON MENSAJES O LLAMADAS.
- INTERFIERA SU CELULAR, ESCULQUE SUS COSAS O LO PERSIGA.
- PREGUNTE Y QUIERA SABER TODO: CUÁNDO, A QUÉ HORAS, CON QUIÉN.
- SEA CELOSA AL PUNTO DE NO RESISTIR QUE USTED TENGA CONTACTO ALGUNO CON OTRA MUJER, INCLUYENDO LAS DE SU PASADO.

Ponga las reglas desde el principio y hable si hay algo que no le gusta. En estos casos lo mejor es enfrentar el tema. Lo que usted permita en el comienzo de la relación lo tendrá que aguantar el resto del tiempo.

Lo que nunca se debe hacer:
• Mantener la relación por compasión o piedad.
• Decirle a otra persona, antes que a su pareja, que va a terminar con ella.
• Cambiar de opinión por miedo a la reacción que su pareja pueda tener.
• Terminar por medio de una carta o nota.

Hasta aquí llegamos...

POSIBLES ESCENARIOS

SE LE ACABÓ EL AMOR:

Déjeselo saber a su pareja lo antes posible.

El cuento de "pero seguimos siendo amigos" no evitará el dolor de la otra persona, así que por ahora mejor ni lo mencione. Sea lo más sincero posible y no deje que la relación avance.

SE ENAMORÓ DE OTRA PERSONA:

Enfrente a su pareja y dígale la verdad, antes de que lo agarren con las manos en la masa.

INFIDELIDAD

Nunca engañe a su pareja, el engaño lastima. Sólo las personas egoístas ponen cachos. Para evitar problemas, deje en claro con su pareja, desde un principio, las reglas en cuanto a los cachos. Recuerde que el que juega con fuego sale quemado.

DEFINITIVAMENTE NO SE ENTENDIERON:

Aunque difícil, este puede ser el mejor de los escenarios. Se llega a la ruptura de común acuerdo y cada uno toma su camino, sin rencores.

Cualquiera que sea el escenario, ambos protagonistas necesitarán tiempo y espacio para recuperarse. Al principio puede parecer el fin del mundo, pero con el tiempo todo mejora. Manténgase ocupado y siga adelante. La adolescencia es una oportunidad para pasarla bien, conocer gente y ensayar relaciones.

Ansiedad

La ansiedad es normal, e incluso buena, en cuanto funciona como un sistema de alarma. El problema es cuando se sale de control.

LOS SÍNTOMAS DE UNA CRISIS DE ANSIEDAD INCLUYEN:

- DOLOR DE CABEZA
- MALESTAR ESTOMACAL
- PROBLEMAS PARA CONCILIAR EL SUEÑO
- SENSACIÓN INEXPLICABLE DE MIEDO

Si usted cree que puede tener ansiedad, busque ayuda y piense en la posibilidad de una terapia. Tenga en cuenta que la ansiedad se puede controlar si se mira el problema con perspectiva y se estudian las alternativas.

Las fobias se definen como temores desmedidos e incontrables hacia algún objeto o situación. A veces tienen sentido y otras veces sencillamente existen sin razón aparente. Hay que aprender a manejarlas por medio de la respiración, terapias, hipnosis o utilizando la imaginación.

Fobias más comunes en adolescentes:
- Aracnofobia: a las arañas.
- Claustrofobia: a los espacios cerrados.
- Sociofobia: a la sociedad.
- Aerofobia: a los aviones.
- Acrofobia: a las alturas.

Nada de nervios

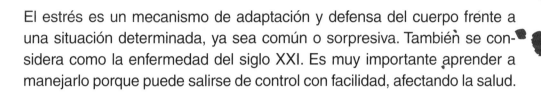

El estrés es un mecanismo de adaptación y defensa del cuerpo frénte a una situación determinada, ya sea común o sorpresiva. También se considera como la enfermedad del siglo XXI. Es muy importante aprender a manejarlo porque puede salirse de control con facilidad, afectando la salud.

Muchas cosas pueden producir estrés: exámenes y trabajos académicos, el ritmo de estudio, la presión por verse bien, las mudanzas, los problemas con los profesores e, incluso, las vacaciones.

¿QUÉ HACER?

- MANTENER LA CALMA Y NO DEJAR QUE EL PÁNICO DOMINE.
- ORGANIZAR UN PLAN PARA SOLUCIONAR EL PROBLEMA, EN VEZ DE CULPAR A LOS DEMÁS.
- PEDIR AYUDA, EN LUGAR DE BUSCAR UN ESCAPE POCO SANO.

PARA COMBATIR EL ESTRÉS:

- HABLE ABIERTAMENTE CON UN AMIGO.
- HAGA DEPORTE Y EJERCICIO.
- ENCUENTRE ALGÚN JUEGO O DISTRACCIÓN DE SU AGRADO.
- LLORE.
- BUSQUE AYUDA.

Principales causas del estrés:
- Los papás
- El colegio, las tareas y los deberes escolares
- Los hermanos
- Los amigos
- La gente maliciosa

El abuso

El abuso es inaceptable y puede dejar cicatrices irreparables. Nunca abuse de nadie ni permita que abusen de usted.

Las estadísticas demuestran que la mayoría de los abusos son cometidos por familiares o personas cercanas. Si usted es víctima de un abuso, no se deje asustar con amenazas, no tenga miedo. Hable con un adulto de su confianza, busque su respaldo y póngale fin al asunto.

ABUSO VERBAL: gritos, amenazas, insultos o comentarios hirientes y ofensivos.

ABUSO FÍSICO: golpes, patadas, puños o cualquier otra forma de lastimar el cuerpo.

ABUSO SEXUAL: desde caricias atrevidas, que incomodan a la víctima, hasta la violación propiamente dicha.

NEGLIGENCIA: negación de los cuidados básicos necesarios para la vida, como comida, techo, asistencia médica, ropa y amor.

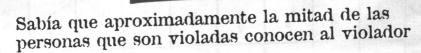

Violación

Consiste en obligar a una persona a tener relaciones sexuales, en contra de su propia voluntad. Les ocurre tanto a las mujeres como a lo s hombres.

Si una persona no quiere tener relaciones y lo manifiesta, así sea su pareja, se considera una violación:
• Si se usa la fuerza
• Si no se respeta la negativa

Si ha sido víctima de una violación, es importante que busque asistencia médica y psicológica para superarlo. Tenga siempre presente que no fue por su culpa.

El sexo forzado entre dos personas que se conocen de antemano es relativamente común y muy peligroso. A menudo se relaciona también con drogas y alcohol.

¡Qué ira!

La ira o rabia es un sentimiento perfectamente válido, siempre y cuando se exprese de una manera socialmente adecuada. Aprenda a reconocer qué cosas le disparan la ira y evite llegar al punto en que no haya vuelta atrás.

DISPARADORES MÁS FRECUENTES DE LA IRA:

- FRUSTRACIÓN
- ESTRÉS
- PERSONALIDAD

SI SIENTE QUE LA IRA SE APODERA DE USTED:

- ALÉJESE DEL LUGAR.
- RESPIRE PROFUNDO Y CUENTE HASTA 10 ANTES DE ABRIR LA BOCA.
- GOLPEE ALGO, NO A ALGUIEN (ENSAYE CON ALMOHADAS, BOLSAS DE BOXEO).
- REGAÑE Y PELEE CON OBJETOS ANTES DE HACERLO CON UNA PERSONA.
- ESCRIBA SUS BRONCAS Y LUEGO ROMPA O QUEME EL PAPEL EN QUE LO HACE.

Depresión

La depresión es una enfermedad compleja que requiere tratamiento. Se caracteriza por una tristeza profunda y, si no se trata, puede producir cicatrices y marcas en el cerebro. Además, puede llevar a comportamientos que ponen en riesgo la vida.

SIGNOS DE ALARMA:

- DIFICULTAD DE CONCENTRACIÓN
- INSOMNIO
- BAJA EN LOS RESULTADOS ACADÉMICOS
- DESMOTIVACIÓN ANTE TODO
- FALTA DE ENERGÍA
- FRECUENTES PENSAMIENTOS DE MUERTE
- AISLAMIENTO SOCIAL
- EXCESO DE CARGAS EMOCIONALES
- BAJA DE LA AUTOESTIMA
- CAMBIOS DEL APETITO
- TRISTEZA PROFUNDA Y DESESPERANZA

Si lo obligan a someterse a una terapia, y usted no está de acuerdo, por lo menos trate de darle una oportunidad.

Estos signos podrían significar que la persona se encuentra entrando en una depresión.

LOS "LOQUEROS"

Si algún problema se le sale de las manos, busque ayuda. Para eso existen profesionales capacitados y entrenados. Lejos de juzgar o castigar, su función es escuchar, apoyar y contribuir a la solución del problema.

Hay varios tipos de terapias, todas confidenciales y ninguna eterna, que le pueden ayudar a liberase de fobias, paranoias, temores.

Para lograr resultados positivos, encuentre un terapeuta con el que sienta química y empatía.

BUSCAR AYUDA NO ES SINÓNIMO DE DEBILIDAD NI DE LOCURA.

Suicidio

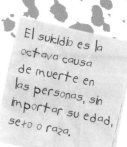

El suicidio es la octava causa de muerte en las personas, sin importar su edad, sexo o raza.

Es alarmante la cantidad de adolescentes que creen que el suicidio es una solución a los problemas de la vida. Muchos lo intentan y algunos lo cometen. ¿Por qué lo hacen?

- DEPRESIÓN
- ABUSO DE DROGAS Y ALCOHOL
- INCIDENTES TRAUMÁTICOS, COMO FRACASOS
- HISTORIA Y ANTECEDENTES EN LA FAMILIA

¡AUXILIO!

Hable inmediatamente si siente o percibe peligro de suicidio por:

- HABLAR CONSTANTEMENTE DE LA MUERTE E IMAGINARSE EL MUNDO SIN USTED.
- DESHACERSE DE LAS PERTENENCIAS.
- ESCRIBIR UNA CARTA PRE SUICIDIO.
- HABER TENIDO UN AMIGO QUE SE SUICIDÓ.
- PLANEAR O IMAGINAR DISTINTAS FORMAS DE QUITARSE LA VIDA.

Muchos adolescentes tienen la tendencia de agrandar los problemas, sintiéndolos como si se tratara del fin del mundo, en razón de la misma confusión interna que están viviendo. Sin embargo, trate de ver la vida como una oportunidad de equivocarse, aprender y reparar los errores.

EL SUICIDIO NUNCA ES LA SOLUCIÓN A SUS PROBLEMAS. RECUERDE QUE LA MUERTE NO TIENE VUELTA ATRÁS.

¿Sospecha un posible suicidio? Enfrente a la persona y pregúntele directamente si quiere quitarse la vida, y no lo mantenga en secreto.

Principales razones de muerte en adolescentes:
· Homicidio
· Suicidio
· Sida
· Accidentes de tránsito
· Otros accidentes como peleas, ahogo, abuso de droga.

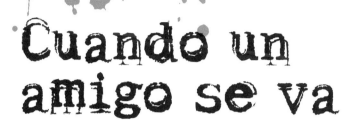

Cuando un amigo se va

La muerte es inevitable. Por esta razón, aunque sea difícil de entender, hay que aprender a aceptarla.

Si se siente angustiado pensando que algo les podría pasar a sus papás, afectando su futuro, no dude en hablar con ellos. Esto lo tranquilizará y tal vez hará que ellos analicen sus preocupaciones, ayudándole a superarlas.

Cuando se muere un ser querido, es normal sentir tristeza o incluso rabia, pero lo más importante es hacer el duelo:

- HABLE CON ALGUIEN QUE COMPARTA SU DOLOR Y SAQUE TODO.
- LLORE SIN IMPORTARLE DEMOSTRAR SU TRISTEZA.

LOS SIGUIENTES SÍNTOMAS PUEDEN SIGNIFICAR QUE NECESITE AYUDA PROFESIONAL:

- BUSCA REFUGIARSE EN EL ALCOHOL O LA DROGA.
- EMPIEZA A TENER PROBLEMAS ACADÉMICOS.
- SE DETERIORAN SUS RELACIONES CON FAMILIARES Y AMIGOS.

Si se le muere un ser querido a un amigo, acompáñelo y escúchelo. Sea solidario.

127

A volar, se dijo

Empezar a independizarse de los papás es uno de los pasos naturales de la adolescencia. Sin embargo, convertirse en alguien con opiniones propias y con la capacidad de tomar decisiones, puede resultar a veces desconcertante para el adolescente y doloroso para los papás. Ambos empiezan a sentir el salto generacional, que no es fácil de manejar. Si esto le ocurre, recuerde que ellos también fueron adolescencentes y que su experiencia es muy válida.

¿CONOCE BIEN A SUS PAPÁS Y APROVECHA SU EXPERIENCIA DE VIDA?

Si la respuesta es no, acérquese a ellos para conocerlos mejor.

- ¿ALGUNA VEZ HAN INCUMPLIDO LA LEY?
- ¿QUIÉN FUE EL PRIMER NOVIO DE SU MAMÁ Y LA PRIMERA DE SU PAPÁ?
- A SU EDAD, ¿CUÁL ERA EL SUEÑO DE SUS PAPÁS? ¿LO ALCANZARON?
- ¿CUÁLES HAN SIDO SUS MAYORES MOTIVOS DE TRISTEZA?
- ¿CUÁLES LOS DE MAYOR FELICIDAD?
- ¿CUÁL FUE SU PEOR PROFESOR?
- ¿HICIERON TRAMPA Y CUÁLES FUERON LAS CONSECUENCIAS?
- ¿ALGUNA VEZ SE VOLARON DEL COLEGIO?
- ¿QUIÉN LES ROMPIÓ EL CORAZÓN Y CUÁNTO TARDARON EN RECUPERARSE?

Mientras más cercano sea a su familia, más fácil le será el paso por la adolescencia y menos probabilidades tendrá de caer en trampas como las drogas o el alcohol.

Sueños

Un sueño es el punto de partida hacia una meta. Una meta es un sueño con un límite de tiempo.

Ideas tenemos todos, pero lo que vale es la voluntad y capacidad de sacarlas adelante.

Pasos para convertir un sueño en realidad:

1. Sueñe dormido o despierto.
2. Visualice su sueño.
3. Hable del sueño.
4. Planee a favor de su sueño, trazándose metas factibles.
5. Trabaje para alcanzarlo.
6. Apláudase cada vez que logre dar un paso hacia adelante.

Hay personas que cambian su nombre para alcanzar un sueño:

· Paul Hewson: Bono
· David Kotkin: David Copperfield
· Marshall Bruce Mathers III: Eminem
· Terry Gene Bollea: Hulk Hogan
· Reginald Dwight: Elton John

Cómo enamorarlas

- Cuando llegue a visitarla dígale que no se puede quedar mucho, cúmplalo y váyase.
- Susúrrele cosas al oído.
- Dele un beso en la punta de la nariz.
- Recuéstese con ella a mirar las estrellas y consiéntala mientras tanto.
- Juegue suavemente con su pelo.
- Mírela fijamente a los ojos.
- Bésela tiernamente y sin afán.
- Dele abrazos de oso.
- Escríbale un mensaje de amor.
- Dedíquele una canción.

Lo que hacen para atraparlo

- Dieta porque creen que se ven más atractivas.
- Aprenden de deporte para sorprenderlo.
- Pretenden ser bobas para poder pasar más tiempo con él (estudiando).
- Caen de repente en los lugares donde él está.
- Andan siempre arregladas por si se lo encuentran.

Lo que quieren

- Ser la prioridad número uno.
- Ser sorprendidas.
- Que les den detalles pensados.
- Que las consientan.
- Salidas románticas.
- Que las traten como princesas.

Hombres que las atraen

- **El ATB:** Alto, Trigueño y Buen mozo.
- **El extranjero:** por su acento.
- **El príncipe azul:** por hacerla sentir como una princesa.
- **El súper atleta:** por talentoso, atractivo y entrenado para proteger.
- **El sensible:** por creativo y artista.
- **El seguro:** por saber distinguir entre seguridad y prepotencia.
- **El chistoso:** por asegurarle siempre un buen rato.
- **El seductor:** porque sabe medir cuánto dar y cómo darlo.

Hombres que las espantan

- **El necesitado:** que la trata como si fuera su mamá.
- **El creído:** que la opaca con su necesidad de sobresalir.
- **El verde:** que sólo tiene ojos para mirarle el cuerpo.
- **El sabelotodo:** que la aplasta por siempre querer tener la razón.
- **El mezquino:** que se mide en todas sus manifestaciones.
- **El machista:** que la oprime y manipula en vez de protegerla.
- **El predecible:** que la aburre por soso.
- **El débil:** que no la emociona por falta de carácter.
- **El criticón:** que le baja la autoestima porque sólo destaca sus defectos.
- **El lambón:** que la empalaga porque todo lo que dice suena falso.
- **El intenso:** que no acepta un NO por respuesta.
- **El HPM** (Hijo Precioso de Mami): que no hace nada sin consultar.

No les crea si le dicen...

- Que le van a devolver el suéter que le pidieron prestado.
- Que usted les parece mucho más inteligente que ellas.
- Que las mujeres no se masturban.
- Que las mujeres no tienen sueños húmedos.
- Que las mujeres van al baño juntas para hacer pipí, no para chismosear.
- Que mentalmente nunca le han sido infieles.
- Que jamás se han echado un pedo.

Las quejas de siempre

- Que nunca pasan suficiente tiempo juntos.
- Que nunca le dice que la quiere.
- Que siempre quiere estar con sus amigos.
- Que usted siempre le da la razón a su mamá.
- Que por qué está tan serio hoy.
- Que casi no la ha llamado ese día.

Los grandes mata pasiones

- Los que intentan ahogarla a punta de lengua.
- Los que la besan con exceso de babas.
- Los que le dan regalos escogidos por otra.
- Los que tienen mal aliento en el momento de besar.
- Los que usan medias escurridas que dejan ver un pedazo de pierna.
- Los que la comparan con otras.
- Los que se echan pedos y eructan a propósito.
- Los que le dan besos con sabor a cenicero.
- Los que tienen la ex en la lista de amigas y se vén a solas con ella.
- Los que le clavan la mirada en las tetas y no en los ojos.
- Los que le dicen frases cursis, como de telenovela.
- Los que le confunden el nombre con el de la ex.
- Los que son negados para los preámbulos.
- Los que nunca la sorprenden por rutinarios.

En cuanto a regalos...

- Prefieren varios detalles en lugar de un regalo costoso.
- Adoran un regalo personalizado más que cualquier otro.

Sugerencias:

- Un perfume o splash.
- Joyas de plata.
- Accesorios modernos como aretes, collares o cinturones.
- Galletas o brownies hechos por usted. *(Ver pág. 143)*
- Muñecos de peluche.
- Flores.
- Un disco que le guste a ella, no a usted.
- Un libro.
- Una película romántica.
- Un bono para un tratamiento de belleza, un masaje o cualquier otro.
- Un producto de belleza para el cuerpo.
- Algo relacionado con sus aficiones. Si le gusta el tenis, por ejemplo, empaque el regalo en un tarro de bolas de tenis, con una linda nota romántica.
- Un plan sorpresa, manteniéndola a la expectativa y dándole pistas hasta el gran día.

No cree etpectativas que no esté dispuesto a mantener, haciendo regalos etagerados al principio de la relación.

El significado escondido

- ¡Está divino! (En realidad, no es lo que yo habría escogido, pero me gusta porque tú me lo regalaste).
- ¡Tienes que conocer a mi amiga, es super chévere! (Tienes que conocer a mi amiga, no es nada bonita).
- Oye, qué amigo tan chévere; ¿por qué no me lo habías presentado antes? (Es un churro, seguramente me soñaré con él esta noche).
- ¡Qué delicia de comida! (Está inmunda, pero me encanta que hayas querido cocinar para mí).
- No tengo hambre. (En realidad, estoy muerta del hambre y terminar robándote toda tu comida).
- Oye, ¿ese pantalón es nuevo? (Ya es hora de que renueves tu clóset).
- ¡Tan adorada tu mamá! (Ojalá dejara de ser tan metida).

Tiene derecho a permanecer callado...

- ¿Me veo gorda?
- ¿En qué estás pensando?
- ¿No te parece divina esa vieja?
- ¿Me quieres?
- ¿A cuál de todas tus novias has querido más?
- ¿No crees que mi amiga es lo máximo?
- ¿Te gustaría que tuviera tetas más grandes?
- ¿Qué cambiarías de mí?
- ¿Vamos a estar juntos para siempre?

Las mujeres tienden a coquetear durante el primer minuto para medir qué tanto potencial tiene el hombre.

Sus preocupaciones

- Que el busto no les crezca suficiente o les crezca demasiado.
- Lucir bien en vestido de baño.
- La mejor marca de autobronceador.
- Las notas escolares.
- Que su mamá las acepte.
- Si usted va a tomar la iniciativa y cuándo.
- Cuándo les va a llegar la regla.
- Que las juzguen por su familia.
- Si tienen que pagar cuando las invitan a salir.

Antes de echarlo

- Le inventan todo tipo de excusas para no pasar al teléfono.
- Lo evitan a como dé lugar.
- Le enfatizan lo buenos amigos que son.
- Le sugieren sutilmente otras novias.
- Lo tratan con indiferencia.
- Prefieren pasar el tiempo con las amigas.
- Corren rumores de que andan coqueteando con otro.

Lo que sacan cuando las botan:

- La caja de pañuelos desechables para las lágrimas.
- Los discos que oían juntos.
- Las fotos y cartas de él.
- La cinta pegante para remendar
  lo que rompió y después se arrepintió.
- La flor seca del primer paseo.
- El peluche que le regaló.
- El agua de colonia que él usa para sentirlo cerca.
- El suéter que se le quedó en su casa.
- El inalámbrico o el celular por si él se arrepiente y llama.
- Un pote de helado para endulzar las penas.

Qué no entienden de los hombres

- ¿Por qué no logran coordinar los colores al vestirse?
- ¿Por qué andan tocándose el pene como
  si necesitaran verificar que sigue en su puesto?
- ¿Por qué la puntería no les funciona cuando
  se trata de un inodoro, y por qué se les dificulta
  tanto limpiar después?
- ¿Por qué no renuevan sus repertorios de
  chistes y de conversación, estando siempre
  con el mismo grupo de amigos?
- ¿Por qué se sienten con derecho a decir
  abiertamente que una mujer es una hembra,
  pero se ofenden si la novia dice que un tipo
  está buenísimo?
- ¿Por qué leen en el baño y se demoran
  tanto haciendo popó?

La cocina es cosa seria...

RECETAS QUE TODO EL MUNDO DEBERÍA SABER PREPARAR

ARROZ BLANCO BÁSICO

4 porciones

INGREDIENTES

1 cucharada de aceite
1 gajo de cebolla larga
1 diente de ajo
1 taza de arroz blanco
2 tazas de agua
1 cucharadita de sal

PREPARACIÓN

Caliente el aceite con la cebolla y el ajo en una olla por 1 minuto. Añada 1 taza del agua y deje hervir. Agregue el arroz, previamente lavado y escurrido, revuelva y cocine hasta que haga ojos, es decir hasta que la superficie se vea llena de huequitos. Adicione el resto del agua mezclada con la sal y deje cocinar hasta que vuelva a hacer ojitos. Cubra con papel de cocina y tape. Baje el fuego y cocine hasta que el agua se evapore y el arroz abra y se esponje. Retire del fuego. Unos 15 minutos antes de servir, espónjelo con un tenedor y retire la cebolla y el ajo. Cubra de nuevo y caliente.

STEAK A LA PIMIENTA

4 porciones

INGREDIENTES

4 filetes de lomo de res de 180 gramos cada uno
3 cucharadas de aceite de girasol
2 cucharadas de pimienta negra, triturada
1 cucharada de café negro molido
3 cucharadas de mantequilla
1 cucharada de agua
2 cucharadas de crema de leche
Sal

PREPARACIÓN

Unte los medallones de lomo con dos cucharadas del aceite y reserve la otra para la cocción de la carne. Adhiera la pimienta negra y el café molido, previamente mezclados. En una sartén de fondo pesado, caliente la mantequilla y el aceite a fuego alto. Ponga los medallones de lomo y cocínelos de 2 a 4 minutos por cada lado, dependiendo de su gusto. Condimente con sal hacia el final de la cocción. Adicione la cucharada de agua y las 2 de crema, removiendo la sartén para que se mezclen con el jugo de la carne. Sirva de inmediato, rociado con el jugo de la cocción.

PASTA CON SALSA NAPOLITANA

4 porciones

INGREDIENTES:

2 cucharadas de aceite de olivas
1 cucharada de mantequilla
1 diente de ajo, pelado y triturado
1 pimentón rojo, pelado y picado
6 tomates rojos, pelados, sin semillas y picados
1 pizca de azúcar
3 cucharadas de salsa napolitana, de frasco
1/2 taza de consomé
1 cucharada de albahaca fresca, picada
Sal y pimienta

PREPARACIÓN

Caliente el aceite con la mantequilla. Añada el ajo y el pimentón y cocine por dos minutos. Incorpore los tomates, el azúcar y la salsa napolitana. Cocine por 6 minutos más. Agregue el consomé y la albahaca y deje hervir. Condimente con sal y pimienta al gusto.

Para cocinar la pasta, hierva abundante agua con sal y aceite de olivas en una olla grande. Incorpore la pasta y cocine por el tiempo indicado en el paquete. Se recomienda cocinar la pasta 1 minuto menos de lo recomendado y estar probando para que no se pase. La pasta debe servirse al dente, es decir, cocinada pero aún firme.

ENSALADA DE POLLO CON AJONJOLÍ

6 porciones

INGREDIENTES:

4 filetes de pechuga de pollo, sin huesos ni piel
Aceite de girasol para freír
8 tazas de lechugas varias, frescas, lavadas, cortadas en pedazos
2 cucharadas de cilantro picado
1 aguacate pequeño, en dados
2 ramas de apio, lavadas y picadas
1 pepino cohombro, en dados
2 cucharadas de ajonjolí tostado

VINAGRETA DE MIEL Y MOSTAZA

6 cucharadas de vinagre de vino blanco
3 cucharadas de miel de abejas
2 cucharadas de aceite de oliva
3 cucharadas de mostaza de Dijon

PREPARACIÓN

Corte los filetes en tiras de 1/2 cm de espesor. Caliente el aceite en una sartén y fría las tiras por 5 minutos o hasta que doren por ambos lados. Retire a un papel absorbente y condimente con sal. Combine las lechugas con el aguacate, el apio y el pepino. Mezcle los ingredientes de la vinagreta en un pequeño recipiente hondo. Vierta un poco sobre las lechugas, revolviendo suavemente. Agregue el ajonjolí. Distribuya por encima las tiras de pollo calientes y decore con las hojas de cilantro. Sirva de inmediato, con el resto de la vinagreta a un lado.

DELICIOSOS BROWNIES CASEROS

15 porciones

INGREDIENTES

1 ½ tazas de harina de trigo

1 pizca de sal

1 cucharadita de polvo de hornear

180 gramos de chocolate semi-amargo, picado

180 gramos de mantequilla

1 ¾ tazas de azúcar

4 huevos

1 cucharadita de extracto de vainilla

PREPARACIÓN

Caliente el horno a 350 ⁰F/180 ⁰C. Engrase y enharine un molde de hornear. En un recipiente hondo mezcle la harina, la sal y el polvo de hornear.

Con el microondas en bajo, derrita el chocolate con la mantequilla, de 30 en 30 segundos, evitando que el chocolate se queme. Retire y agregue el azúcar, mezclando bien. Luego agregue los huevos uno a uno y adicione la vainilla. Incorpore la mezcla de ingredientes sec--os con una espátula. Vierta en el molde y hornee por 30 minutos aproximadamente o hasta que al insertar un cuchillo, salga limpio.

GALLETAS DE CHIPS DE CHOCOLATE

15 unidades

INGREDIENTES

125 gramos de mantequilla blanda

1 taza de azúcar morena

1 cucharadita de esencia de vainilla

1 huevo, ligeramente batido

1 ½ tazas de harina de trigo

½ cucharadita de polvo de hornear

250 gramos de chips de chocolate

PREPARACIÓN

Caliente el horno a 350 ⁰F/180 ⁰C. Engrase y enharine dos moldes de hornear. Bata el azúcar con la mantequilla y la vainilla hasta que la mezcla esté suave y cremosa. Incorpore el huevo y luego la harina cernida con el polvo de hornear. Añada el chocolate batiendo lo menos posible. Haga bolas con la mezcla y póngalas sobre los moldes, dejando suficiente espacio entre ellas para que al expandirse no se peguen unas con otras. Hornee de 15 a 17 minutos o hasta que los bordes de las galletas estén dorados. Retire del horno y deje reposar 2 minutos antes de retirarlas a una rejilla.

¡BUENAS NOCHES AMIGO USUÁRIO! YO SOY LA RED DE REDES A ESCALA MUNDIAL, QUE UNE A MILLONES DE COMPUTADORAS INTERCONECTADAS CON UN CONJUNTO DE PROTOCOLOS, MEJOR CONOCIDA COMO INTERNET.

¡QUE TIPO TAN PRESUMIDO!

AMIGO USUÁRIO... ¡TE NECESITAMOS! LOS MALVADOS HACKER Y CRACKER HAN SECUESTRADO A CRITERIO Y SE HAN APODERADO DE MUNDO VIRTUAL...

MIRA, AMIGO, SI TÚ ERES UNO DE ESOS JÓVENES OBSESIONADOS CON LOS JUEGOS DE ROL, DÉJAME DECIRTE QUE YO NO SOY UNO DE LOS TUYOS...

¡NO HAY TIEMPO PARA DISCUCIONES! MI PROPIOCEPTOR TELEPRESENCIAL ESTEREOSCÓPICO, CON RETORNO DE REFUERZO, TE PERMITIRÁ INGRESAR CONMIGO A MUNDO VIRTUAL...

OYE! ESO DUELE!!!

AMIGO USUARIO, TE DOY LA BIENVENIDA AL SISTEMA O INTERFAZ INFORMÁTICO GENERADOR DE ENTORNOS SINTÉTICOS EN TIEMPO REAL, LA PSEUDORREALIDAD ALTERNATIVA MEJOR CONOCIDA COMO MUNDO VIRTUAL.

¿Y POR QUÉ ESTÁ TAN SOLO ESTE MUNDO?

PORQUE LOS MALVADOS HACKER Y CRACKER HAN CREADO UNA SERIE DE PROGRAMAS INFORMÁTICOS CON LA CAPACIDAD DE INFECTAR OTROS PROGRAMAS, MODIFICÁNDOLOS PARA INCLUIR UN COPIA DE SÍ MISMO...

PERO NO TODO ESTÁ PERDIDO, AMIGO USUA RIO... SI LOGRAMOS RESCATAR A CRITERIO DE SUS MALÉFICAS GARRAS, TALVEZ PO DEMOS REESTABLECER EL ORDEN EN MUND VIRTUAL Y ASÍ RECUPERAR TU TRABAJO ¡TOMA, PONTE ESTOS LENTES INMERSIVOS

EN OTRAS PALA- BRAS, HACKER Y CRACKER INFECTAR MI COMPUTADOR Y MI DISCO DURO ¡QUEDÓ MÁS VAC QUE MI ALCANCÍA

AMIGO USUARIO, UTILIZA LOS LENTES INMERSIVOS PARA LOCALIZAR AL EQUIPO QU NOS AYUDARÁ EN NUESTRA LABOR DE RESCA

¡WAW! ¡ESTAS GAFAS ESTÁN SÚPER! ¡TODO SE VE GENIAL!

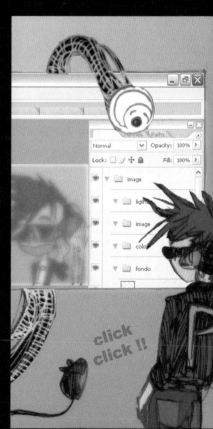

¡QUE MARAÑA DE DATOS HAY POR AQUÍ!

SOLO FALTABA LA UNIDAD CENTRAL DE PROCESO, MEJOR CONOCIDA COMO UCP.

¿DÓNDE ESTÁ? ¡NO LA VEO!

ES DONDE SE EJECUTAN LAS INSTRUCCIONES DE LOS PROGRAMAS Y SE CONTROLA EL FUNCIONAMIENTO DE LOS DISTINTOS COMPONENTES DE MUNDO VIRTUAL.

¡QUE TIPO TAN LATOSO! ¿NO SE CALLA NUNCA?

Layer Comps | History | Actions

ESPEREMOS QUE EL PROCESADOR Y LA MEMORIA DE UCP NOS PERMITAN NAVEGAR RÁPIDAMENTE POR MUNDO VIRTUAL, PERO ANTES DEBEMOS HACER ALGO, AMIGO USUARIO, CONECTANDO LOS PERIFÉRICOS A UCP, CON EXCEPCIÓN DE RATÓN QUE ES INALÁMBRICO, PODREMOS UTILIZAR UN MOTOR DE BÚSQUEDA Y SOLICITAR INFORMACIÓN

¡EUREKA! HACKER Y CRACKER SE ENCUENTRAN EN EL SECTOR DE ARRANQUE, LO PRIMERO QUE LEE LA COMPUTADORA CUANDO ES ENCENDIDA. DESDE ALLÍ ESTÁN ENVIANDO VIRUS PARA QUE RESIDAN EN LA MEMORIA. SEGÚN LA INFORMACIÓN SUMINISTRADA POR EL MOTOR DE BÚSQUEDA, HACKER Y CRACKER ESTÁN TRATANDO POR MEDIO DE VIRUS DE TOMAR EL CONTROL DE LOS SISTEMAS BÁSICOS DEL SISTEMA OPERATIVO, INFECTANDO LOS POSTERIORES FICHEROS EJECUTABLES QUE SEAN ABIERTOS, AÑADIENDO SU PRÓPIO CÓDIGO AL DEL PROGRAMA INFECTADO Y GRABÁNDOLO EN DISCO, CON LO CUAL EL PROCESO DE REPLICADO SE COMPLETA.

Cables invisibles

La nueva dimensión

El Internet es indiscutiblemente el máximo invento de su generación. No sólo es la mayor herramienta mundial de información sino el instrumento más efectivo de comunicación.

El Internet es un sistema que se renueva constantemente, haciendo que el mundo se ajuste a él. Su aparición:

- REVOLUCIONÓ LOS SISTEMAS DE INFORMACIÓN.
- REEMPLAZÓ LOS MEDIOS DE COMUNICACIÓN.
- GLOBALIZÓ EL MUNDO, ELIMINANDO DISTANCIAS Y HORARIOS.
- MODIFICÓ LOS ESQUEMAS DEL COMERCIO.
- CREÓ UN NUEVO LENGUAJE MUNDIAL.
- ELIMINÓ LA INTERMEDIACIÓN PARA MUCHOS SERVICIOS.
- PUSO A PRUEBA LOS VALORES.
- CAMBIÓ LA CONCEPCIÓN DEL TRABAJO.

Sin embargo, esta maravilla no está exenta de peligros y hay que aprender a usarlo con criterio.

Comunicación virtual

La comunicación virtual es una manera rápida, económica y eficiente de comunicarse a nivel mundial. Hay varios mecanismos para hacerlo:

E-MAIL
Es una forma electrónica instantánea de correo. Antes de abrir uno de estos mensajes, tenga presente que muchos son portadores de virus o de trampas para obtener información personal con malas intenciones. No abra correos de remitentes desconocidos.

MENSAJERÍA INSTANTÁNEA
Es una manera más eficiente de enviar mensajes. Funciona por computador o celular.

HOAXES

Son archivos intrascendentes presentados como asunto de importancia, que pesan mucho y han sido enviados con la intención de congestionar y entorpecer el flujo del sistema. Una de las formas más conocidas de hoax son las cartas en cadena que, además, buscan que usted lo reenvíe a todos sus contactos. Muchos de estos mensajes anuncian también virus inexistentes.

CHAT

"Chatear" es mantener una conversación a través del Internet con una o varias personas a la vez. Hay chat rooms organizados por temas, algunos programados para expulsar a quienes no sigan sus reglas.
Los chat rooms son tal vez los sitios más peligrosos del Internet.

- NO HAGA CITAS PERSONALES CON "AMIGOS" PROVENIENTES DE UN CHAT.
- NO SE ALEJE DE SU FAMILIA O AMIGOS POR COMENTARIOS DE EXTRAÑOS.
- CUÍDESE DE QUIENES TRATAN TEMAS COMO SECTAS, RITOS O SEXO.

BLOGGING

Es una especie de diario electrónico que tiene registros en orden cronológico de eventos, sentimientos y acontecimientos de las personas que quieran participar. Se ha convertido en otra forma de comunicación, socialización y extroversión.

No dé más información de la cuenta, porque puede caer en manos de gente que se quiera aprovechar.

LOS SITIOS MÁS POPULARES PARA BLOGGING SON:

- WWW.BLOGGER.COM
- WWW.LIVEJOURNAL.COM
- WWW.ZANGA.COM

PEER-TO-PEER

También conocido como p2p, es una manera de compartir archivos de computador a computador. Pueden ser fotos, videos, programas, textos o música. El más conocido es Napster.

Ojo: Este sistema se ha usado para intercambiar pornografía infantil.

La mayoría de personas usa abreviaciones al chatear. He aquí algunos de las más conocidas:

q' = que	n = en
xq = porque	x = por
bso = besos	tqd = te quiero demasiado
tqm = te quiero mucho	_ = media
dem/dms = demasiado	Ke = que
tdo = todo	T= te
k = ca	D= de
(ej: ksa = casa; krro = carro)	S = es
tel = teléfono	C = sé
cel = celular	Noc = no sé
cmo vs= ¿cómo vas?	tn = tan
Stas = estás	cole = colegio
Bn = bien	lok = loca
+ = más	chik = chica
- = menos	e.q.s.b = espero que súper bien
Ctas = cuentas	n.c = no cambies
Stoy = estoy	cn = con

Vocabulario

BULLY BLOG: blog para chismosear maliciosamente.

CRACKER: persona que viola la seguridad de un sistema de informática para su propio beneficio.

CYBER BULLY: medio para amenazar, humillar o maltratar a la gente.

CYBERSTALKING O E-THUGGING: artimaña de un cyber bully que pone en peligro la vida de una persona.

ENLACE: vínculo con otra página web.

FAQ: preguntas frecuentes sobre un tema.

FLAME MAIL O FLAMING: correos destinados a enojar a alguien o empeorar una situación ya pesada.

HACKER: persona que entra ilegalmente a los sistemas informáticos de otros.

ISP: proveedor de Internet.

JAMMING: congestionador del sistema que impide el acceso de usuarios autorizados.

LOGIC BOMB: código malvado que se inserta a propósito dentro de un sistema.

MESSAGE BOARD: sitio donde se pueden compartir intereses comunes.

SITIO: página o conjunto de páginas web.

SNIFFING: espionaje para obtener información confidencial de otra persona. Los hay malos y buenos. Los malos lo hacen para hacer daño y los buenos para detectarlos.

SPAM: correo basura de personas desconocidas.

SPOOFING O PHISHING: sitio de Internet falso creado para obtener información confidencial.

VIRUS: programas malos que infectan el computador.

WEB: red del Internet.

Relaciones de alto riesgo

A través del chat, otro recurso del Internet, se pueden hacer nuevos amigos cibernéticos, aprender sobre diferentes culturas, interesarse por otros idiomas y pasar un rato ameno; pero, piense…

¿ Sabía que hay 50.000 depredadores sexuales permanentemente en línea al acecho de nuevas víctimas ?

(Dateline, enero de 2006)

¿LE MANDARÍA UNA CARTA A UN CRIMINAL QUE SE ENCUENTRA EN PRISIÓN, SENTENCIADO POR VIOLACIÓN DE NIÑOS, SALU- DÁNDOLO AMIGABLEMENTE, ENVIÁNDOLE SUS DATOS Y UNA FOTO SUYA PARA SU ARCHIVO PERSONAL?

Con el chat también puede exponerse a peligros como secuestro, sata- nismo, abuso sexual, terrorismo y violencia, al dar información personal a individuos que en realidad son desconocidos.

¿ Sabía que muchos de los sitios pornográficos de Internet están disfrazados como sitios gubernamentales, marcas de juguetes o antiguos sitios de interés familiar

Sólo para adultos

El Internet también sirve para buscar imágenes que ayudan a entender mejor los detalles de una investigación sobre un tema científico desconocido; pero, piense…

¿ENTRARÍA A UNA TIENDA DE OBJETOS SEXUALES Y PORNOGRAFÍA CON LA DISCULPA DE APRENDER MÁS SOBRE EL CUERPO HUMANO?

Puede exponerse a encontrar material para el que usted no está del todo preparado.

Personalidad virtual

El Internet le permite dar rienda suelta a esas facetas de su personalidad o sueños secretos que, por timidez u otras razones, usted no deja traslucir frente a su grupo de amigos; pero, piense…

¿INSULTARÍA DELIBERADAMENTE Y SIN CONTROL A SU ABUELITA?

Usted puede llegar a perder el control y los límites por el hecho de saber que su identidad está encubierta por una pantalla.

Realidad cibernética

Con el Internet, usted puede inventarse un mundo a su antojo, crearse un grupo de amigos virtuales y hasta una nueva personalidad; pero, piense…

¿SEPULTARÍA A TODOS SUS AMIGOS Y FAMILIARES EL MISMO DÍA Y SE QUEDARÍA FELIZMENTE SOLO?

Tenga cuidado. Cuando menos piense y sin darse cuenta, su mundo virtual puede acabar desplazando su mundo real, dejándolo sin amigos, sin afectos, sin familia.

Plagio

El Internet ha facilitado considerablemente las investigaciones académicas con acceso a documentos, ensayos y bibliografía de todas partes del mundo; pero, piense…

¿SE ARRIESGARÍA A SER EXPULSADO DEL COLEGIO, NEGÁNDOSE LA ENTRADA A LA UNIVERSIDAD Y DE PASO SU FUTURO, POR COPIARSE UN CONTENIDO QUE NO ES SUYO?

No permita que las ventajas de un instrumento de conocimiento tan generoso como el Internet terminen convertidas en la oportunidad de cometer un delito originado en la pereza.

Una moda peligrosa

El mundo del Internet es tan nuevo y tan extenso que aún hay muchos cabos sueltos por ajustar y su reglamentación está apenas en proceso de estructuración. Sin embargo, esto no justifica que nadie actúe por fuera de los valores y la ética humana. Uno de los ejemplos de este problema es la polémica sobre el robo y la piratería de música y películas.

Sitios para bajar música de manera legal:
www.iTunes.com
www.real.com/rhapsody
www.emusic.com
www.musicmatch.com
www.amazon.com

Para muchos artistas y creadores principiantes el Internet es un medio de darse a conocer a nivel mundial, por lo cual toman la decisión de subir su obra para que esté gratuitamente al alcance de los interesados.

Pero hay también otros creadores que han recorrido un camino difícil para llegar a donde están, viven de sus derechos de autor y no están interesados en la difusión libre de su obra.

El problema se origina en que el autor no tiene la decisión final de subir o no su obra al Internet porque individuos inescrupulosos toman esta decisión por él y comparten música ajena en archivos p2p.

MÚSICA EN LA RED

Si le gusta la música, aproveche más bien los sitios legales que le permiten comprar su propia selección, desde su casa y con un solo clic, a precios verdaderamente razonables.

Evite la vergüenza de ser atrapado por robo. Ya hay formas de rastrear estos actos ilícitos.

Websites donde puedes comprar películas de manera legal:
www.cinemanow.com
www.movielink.com

PELÍCULAS EN LA RED

Hay sitios de Internet que cuentan con inmensas videotecas a las que se puede acceder para alquiler por 24 horas o compra.

La película se puede empezar a ver 10 minutos después de iniciado el descargue y puede tardar entre 30 y 90 minutos en completarlo.

Verdades sobre la piratería

¡QUÉ ME VAN A AGARRAR!

FALSO: las disqueras cuentan ya con sistemas avanzados de monitoreo para identificar a los piratas.

¡PFF, SI ME AGARRAN NO PASA NADA!

FALSO: las disqueras sí están demandando a los piratas.

¿MALO? ¡PERO SI TODO EL MUNDO LO HACE!

FALSO: la historia está llena de ejemplos en que "todo el mundo" lo hace y los resultados no son precisamente los mejores.

¿QUÉ ES UN DISCO MENOS PARA UN ROQUERO MULTIMILLONARIO?

FALSO: de uno en uno, la industria musical ha perdido el 20% de sus ventas, dejando a mucha gente sin empleo.

Un poco de humor no hace daño

Si le gustan las bromas y le dan ganas de practicar unas cuantas, trate de que sea para pasar un rato agradable, no para hacerle daño real a nadie. Piense también en las consecuencias o en la "guerra de bromas" que se puede desencadenar si la "víctima" decide hacer lo mismo.

JABÓN ESMALTADO: pinte una barra de jabón seco con esmalte transparente por ambos lados y déjelo secar. Haga un lado a la vez. Póngalo en la ducha. Quien lo use, intentará inutilmente sacarle espuma.

INODORO SANGRIENTO: tome tres sobrecitos de salsa de tomate como los que vienen con la comida rápida. Empuje la salsa hacia uno de los extremos, enrolle el sobre y séllelo con cinta pegante. Pinche con cuidado la parte llena con un alfiler. Ponga los sobres debajo del soporte del roscón, con el lado pinchado hacia adentro. Cuando alguien se siente, la presión expulsará la salsa dentro de la taza y la persona pensará que está sangrando.

SUEÑOS INTERRUMPIDOS: programe un reloj despertador para las 3 a.m. y escóndalo en el cuarto de alguien que le guste dormir.

SORPRESA DE VIAJE: busque la forma de meter en la maleta de un amigo que se vaya a un paseo de hombres, o a dormir en casa de un amigo, unos calzoncillos de flores rosadas, unos tampones o un brassier.

DIENTES SALADOS: eche sal en las cerdas del cepillo de dientes de alguien y déjelo en el sitio, como si no lo hubiera tocado.

PELUCA MARÍA ANTONIETA: échele un poco de maicena al secador de su hermana. Cuando se arregle para una fiesta y lo prenda, tendrá que volverse a bañar.

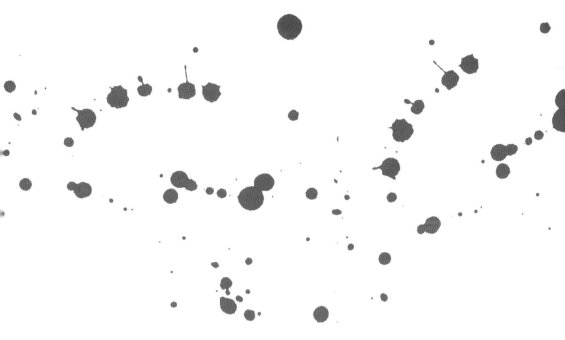

RATÓN PEGADO: ponga cinta pegante en la bolita del mouse para que no se pueda usar.

PONQUÉ DE AJO: rellene el centro de una torta con ajos triturados para que le sepa asqueroso a quien la pruebe.

ALMOHADAS CON TURUPES: meta todo lo que se le ocurra, carritos, piedras o lo que sea, debajo de la almohada de alguien.

BARRA BRAVA
(THE HOOLIGAN)

JOVEN VERDOR
(DIRTY YOUNG MAN)

En sintonía con el mundo

A todo el mundo le gusta ser aceptado y pertenecer a un grupo de amigos para tener mayor seguridad social.

El parche

En la vida hay que tener amigos, pero sobre todo hay que saber conservarlos.

Los hombres hacen buenos amigos desde niños y a medida que crecen van agregando otros a su círculo.

NO SE SIENTA COMO UN ANIMAL RARO POR:

- TENER UN AMIGO CERCANO QUE ESTÉ PASANDO POR LO MISMO QUE USTED PARA SENTIRSE APOYADO Y COMPARTIR EXPERIENCIAS.
- DEMOSTRAR SU AFECTO AL COMPARTIR DEPORTES Y OTRAS ACTIVIDADES.
- ESTAR DISPUESTO A DEFENDER Y APOYAR A LOS AMIGOS EN TODO MOMENTO. ¡DISFRUTE SU GRUPO!

Si quiere contratar la música, busque en el directorio telefónico de la ciudad, o busque en Google el nombre de su ciudad y el servicio que quiere contratar.

La rumba

A LA HORA DE ORGANIZAR UNA BUENA RUMBA:

- DECIDA EL LUGAR Y EL HORARIO.
- PIDA PERMISO A SUS PAPÁS O AL DUEÑO DEL LUGAR.
- HAGA LA LISTA DE INVITADOS.
- HAGA EL PRESUPUESTO O ARME UNA VACA ENTRE TODOS LOS INVITADOS.
- SEGÚN EL PRESUPUESTO, PLANEE LA MÚSICA: DISCOS, PLAYLIST EN COMPUTADOR O I-POD, MINI-TECA O MÚSICA EN VIVO.
- PIENSE QUÉ VA A DAR DE COMER O PÍDALE A CADA INVITADO QUE APORTE ALGO AL ESTILO POTLUCK. PIDA COSAS ESPECÍFICAS PARA TENER UN POCO DE TODO Y NO TODO DE LO MISMO.
- ASEGÚRESE DE TENER EN QUÉ SERVIR LA BEBIDA Y LA COMIDA.
- RECUERDE QUE LOS BAÑOS DEBEN TENER SUFICIENTE PAPEL HIGIÉNICO.
- ACUERDE UNAS REGLAS CON EL ADULTO QUE LE HAYA DADO EL PERMISO PARA EVITAR CONFLICTOS Y MALENTENDIDOS. ¡DIVIÉRTASE!

Game over...

Además de ser una divertida forma de entretenimiento personal, los video juegos se han convertido en un plan para socializar en grupo. Algunos, por ejemplo, permiten tocar guitarra con los amigos o hacer de su casa un karaoke. Otros son juegos de inteligencia, simuladores, acción y deporte. Los hay también de carácter agresivo que pueden incitar a la violencia.

¿SABÍA QUE HAY ESTUDIOS QUE DEMUESTRAN QUE EL CONTACTO CON VIDEO JUEGOS VIOLENTOS OCASIONA COMPORTAMIENTOS AGRESIVOS FÍSICOS Y VERBALES?

Como las películas, los video juegos tienen calificaciones y descripciones de sus contenidos. Entienda si sus padres se niegan a comprarle uno que no sea apto para su edad.

Clasificaciones:
EC Early Childhood: apto de 3 años en adelante.
E Everyone: apto de 6 años en adelante. Puede contener algo de violencia y cierto lenguaje cómico, malvado o crudo.
T Teen: apto de 13 años en adelante. Puede contener violencia, lenguaje ligeramente fuerte y/o temas sugestivos.
M Mature 17+: apto de 17 años en adelante. Puede contener temas de sexo y lenguaje más fuerte.
AO Adults Only 18+: apto sólo para adultos. Puede contener descripciones gráficas de sexo y/o violencia.
RP Rating Pending: para juegos no lanzados aún por falta de desarrollo o clasificación.

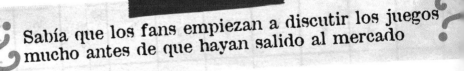

¿Sabía que los fans empiezan a discutir los juegos mucho antes de que hayan salido al mercado

PLATAFORMAS PARA LOS VIDEOJUEGOS

COMPUTADOR
PROS:

> LE PERMITE HACER ACTUALIZACIONES.
> LE PERMITE JUGAR EN LÍNEA CON OTROS.
> TIENE MUCHOS USOS APARTE DEL JUEGO.

CONTRAS:

> ES MUY COSTOSO.
> NO ES ÓPTIMO PARA MUCHOS JUEGOS, EN ESPECIAL DE DEPORTE.
> NO HAY MUCHA VARIEDAD.

Compre sólo juegos que correspondan a su plataforma porque de lo contrario no le funcionarán.

CONSOLA
Aparato que se conecta al televisor y se utiliza con CD de juegos.

PROS:

> TIENE PRECIOS MÁS ACCESIBLES.
> OFRECE GRAN VARIEDAD.
> ES ÓPTIMO PARA JUEGOS DE DEPORTES.

CONTRAS:

> NO PERMITE ACTUALIZACIÓN.
> SÓLO ADMITE UN NÚMERO LIMITADO DE JUGADORES.
> ES DE USO EXCLUSIVO PARA JUEGOS.

CONSOLAS PORTÁTILES

Tienen los mismo pros y contras que las consolas normales pero son portátiles. Algunas están equipadas con sistemas inalámbricos que permiten jugar con otras personas que tengan el mismo modelo.

Sabía que los aparatos más novedosos le ofrecen ***backward compatibility***, para que pueda seguir utilizando los juegos de su modelo anterior.

Los mayores fabricantes de video juegos:
- Electronic Arts
- Nintendo
- Microsoft
- Activision
- Sony

Sitios de internet que reseñan juegos:
www.gamerankings.com
www.gamespot.com
www.ign.com

LIBROS RECOMENDADOS

El corsario negro; Sandokán, el rey del mar; Los piratas de la Malasia, de Emilio Salgari.

La isla del tesoro; El extraño caso del doctor Jeckyll y mister Hyde, de Robert Louis Stevenson.

Los tres mosqueteros; El conde de Montecristo, de Alexandre Dumas.

Cuentos completos, de Edgar Allan Poe.

El arte de amar, de Ovidio

El señor de los anillos, de J. R. R. Tolkien.

Drácula, de Bram Stocker

El lobo de mar; Colmillo blanco, de Jack London.

La materia oscura, de Philip Pullman

La historia sin fin, de Michael Ende

Harry Potter, de J. K. Rowling

El guardián entre el centeno, de J. D. Salinger

El dador, de Lois Lowry

Rebeldes, de S. E. Hinton

El extranjero, de Albert Camus

Matar un ruiseñor, de Harper Lee

1984, de George Orwell

El perfume, de Patrick Suskind

Cien años de soledad y El amor en los tiempos del cólera, de Gabriel García Márquez

El túnel y Sobre héroes y tumbas, de Ernesto Sábato

Si no lo sabe hacer, aprenda. ¡Nunca falla!

¿Qué ponerse?

La ropa que se ponga es otra manera de expresar su personalidad. Ensaye hasta encontrar un estilo con el que se sienta cómodo. Comodidad no es sinónimo de descuido.

APRENDA A VESTIRSE PARA LA OCASIÓN

- CASUAL O INFORMAL: USE LO QUE QUIERA
- TRAJE DE CALLE: VESTIDO FORMAL Y CORBATA
- TRAJE DE COCTEL: IMPLICA TRAJE OSCURO Y CORBATA
- CORBATA NEGRA: SMOKING O FRAC, CON FAJA Y CORBATÍN

METROSEXUAL

Para muchos es la manera moderna de decir "narcisista" puesto que no hay nada más importante para ellos que ellos mismos. Son hombres de cualquier preferencia sexual, que le ponen excesiva atención a su forma de vestir y de vivir. Se ha convertido en un nuevo estilo de vida.

¿ Sabía que en la mitología Narciso, enamorado de su propia imagen reflejada en un riachuelo, quiso reunirse con ella y murió ahogado tras lanzarse al agua, y que allí surgió una nueva flor que lleva su nombre y crece sobre las aguas de los ríos, reflejándose en ellos ?

METAL HEADS

• Seguidores del Heavy Metal que surgió hacia finales de los años 60. Dentro de sus grupos más famosos están Led Zeppelin, Metallica, Iron Maiden y su música está llena de crítica social.

• Su moda incluye jeans, botas o tenis altos, chaquetas de cuero o jean, accesorios con taches y símbolos de muerte. Su estilo de peinado, que era de pelo largo, ya no tiene importancia. Utilizan imágenes aparentemente satánicas, aunque ellos no lo son por estar contra las religiones organizadas.

RAPERO

• Persona que canta música rap. Este género nace del blues y tiene raíces africanas. Su base son los rítmos rimados sobre temas de lucha y contenido urbano, como el crímen y los gangsters. Aunque la mayoría de raperos son negros, su música es muy popular entre los blancos.

• Su moda incluye jeans anchos, sacos deportivos con capucha, bandanas, cinturones de hebillas grandes y accesorios vistosos. La otra alternativa son trajes costosos y sombrero.

SKINHEADS

• Surgen en Inglaterra en los años 60 y se identifican con el reggae, el ska y la música Oi! Se dividen en tres sub-grupos: tradicionales, que se identifican con el movimiento original y no son racistas. Los **sharp**, que son anti racistas. Y los nazis o **white power**, extremadamente racistas y con poco en común con el movimiento original.

• Visten jeans, camisas abotonadas, botas de trabajo y tirantas de pantalón que representan su entorno de la clase trabajadora. Se rapan o llevan el pelo muy corto.

RASTAS

• Movimiento religioso de origen etíope que surge en Jamaica en los años 30, con la idea de rescatar su cultura africana original. A través de su música, el reggae y el ska, expresan su identidad. Son famosos Bob Marley y Peter Tosh, entre otros. Creen que sus cuerpos son eternos, usan la marihuana como sacramento religioso, pero no aprueban el alcohol.

• Son características sus rastas, que ven como el desarrollo natural del pelo. Sus colores son verde, rojo y dorado, la bandera de Etiopía.

205

RUDE BOYS

• El término rude boy significa a la moda y chévere. Es una subcultura que se inicia en los guetos de Jamaica a mediados de los 50. Los jamaiquinos emigraron a Inglaterra hacia finales de los 60. Se asocian con la música ska y con la violencia que proviene de las escenas que montaban en los clubes de baile en Jamaica.

• Su forma de vestir incluye traje, corbata y sombrero. Con esta vestimenta, los Rude boys intentan parecerse a los gangsters.

PUNK

• Los punks son una subcultura basada en la música punk que surgió en Inglaterra y en los Estados Unidos en los 70 como respuesta a la comercialización de la cultura hippie. Los punks creen en un derecho individual intrínseco a la libertad y al estímulo.

• La moda clásica de los punks incluye botas de combate o tenis altos, jeans o pantalones de cuero, taches o ganchos imperdibles. Llevan el pelo corto, desordenado y teñido de colores fuertes.

GÓTICOS

• Se inicia en Inglaterra a finales de los 70, basados en los punks. Dentro de sus grupos famosos de música se encuentran Bauhaus, The southern Death Cult, UKDK.

• Creen en el individuo, son muy tolerantes y apolíticos. Provienen de distintas religiones. Se inspiran en el lado oscuro de la cultura victoriana como fantasmas, brujería y cementerios. Drácula es el más famoso de sus villanos. Muchas personas no entienden a los góticos y por eso tal vez los critican.

RAVERS

• Se inicia en los años 80 contra la música popular y los clubes, en Estados Unidos y Europa. Su música se asocia con la electrónica, el house y el techno. Sus fiestas se llevan a cabo en bodegas y galpones y duran toda la noche. Su gran creencia se basa en lo que llaman el PLUR, paz, amor, unidad y respeto. Consumen éxtasis y usan chupos, varas luminosas y máscaras.

• No tienen una moda ni estilo particular que los caracterice.

¿Amigos o enemigos?

UNA AMISTAD IMPLICA:

- NO BURLARSE DE SUS AMIGOS.
- NO REVELAR SUS SECRETOS.
- NO AGARRAR ALGO PRESTADO SIN PERMISO.
- NO HABLAR DE ELLOS A SUS ESPALDAS.
- SABER PERDONAR CUANDO COMETAN UN ERROR.
- RESPETARLE SU PAREJA.

¿MEJORES AMIGOS?

1. ¿Es bueno un amigo que le ofrece droga y quiere compartirla con usted o es malo por introducirlo en el mundo de la droga?

2. ¿Es bueno un amigo que le ofrece llevarlo a la casa en su carro a cambio de quedarse con él en la fiesta una hora más o es malo por hacerlo llegar a la casa una hora más tarde de lo permitido?

3. ¿Es un buen amigo el que le ofrece pagarle una entrada a cine o es malo porque la oferta es justo durante las horas de clase?

4. ¿Es un buen amigo el que se ofrece a ayudarle a estudiar para un examen muy importante con las respuestas robadas?

5. ¿Es un buen amigo el que le cuenta el rumor de que su novia anda con otro al mismo tiempo o es malo por chismosear sobre algo que no le consta?

Dejándose arrastrar

La presión de grupo es la que ejercen los amigos o compañeros para hacer algo o comportarse de determinada manera.

Los grupos sociales dan una sensación de seguridad, que hace que las personas sientan la necesidad de pertenecer a ellos y estén dispuestas a hacer cualquier cosa o a someterse a lo que sea con tal de lograrlo.

NO TODA PRESIÓN DE GRUPO ES NECESARIAMENTE NEGATIVA.

EN ESTOS GRUPOS LOS ADOLESCENTES LOGRAN:

- ALIMENTAR SU AUTOESTIMA.
- SEGUIR REGLAS CLARAS, COSA QUE MUCHAS VECES NO TIENEN EN CASA.
- DISCUTIR ABIERTAMENTE TEMAS COMO DROGAS O SEXO, PROHIBIDOS MUCHAS VECES EN LOS HOGARES.

Cuando la influencia es negativa, se convierte en la mayor fuente de riesgo para la salud. Por lo general, los adolescentes toman riesgos absurdos: primero, porque quieren aparentar ser fuertes, populares e invencibles; segundo, porque jamás se les ocurre que algo malo les pueda suceder.

Aunque sea difícil sostener las propias opiniones en contra de las de los demás, no se deje presionar para hacer algo con lo que no se sienta cómodo, algo de lo que se pueda arrepentir más adelante.

NO OLVIDE: NADIE LO VA A RESPETAR
SI NO SE RESPETA A SÍ MISMO.

RESISTA LA PRESIÓN DEL GRUPO:

- EVALÚE LOS RIESGOS.
- TENGA LAS PELOTAS SUFICIENTES PARA DECIR QUE NO.
- EVITE LAS SITUACIONES QUE DE ANTEMANO SEPA QUE LO HARÁN SENTIR INCÓMODO.

Si usted es adoptado tenga la certeza de que a pesar de no haber estado en la barriga de su mamá, creció en su corazón, desde el momento en que supo que llegaría.

La familia

La estructura familiar varía de acuerdo con las culturas, pero ninguna es mejor que otra. Cuide y aproveche la suya.

PADRES

Son las personas que lo concibieron o adoptaron. En general son las personas más importantes de su familia, independientemente de las condiciones en que ésta se desarrolle. Merecen todo su respeto.

HERMANOS

Durante la adolescencia es típico pelear con los hermanos por justicia o por sentir celos de los papás. Pero los hermanos son una excelente fuente de apoyo, son amigos incondicionales para la vida y sirven para aprender de ellos sin importar la edad.

En los momentos de exasperación trate de recordar que el tiempo vuela y que, cuando menos lo piense, ya todos estarán crecidos, viviendo en sus propias casas y extrañando los años que pasaron juntos.

Si alguien o algo le baja la autoestima, recuerde:
- Que usted tiene el derecho de ensayar actividades para afianzar su personalidad y no deje que lo juzguen o rotulen.
- Que los hombres también sienten y necesitan abrazos y cariño.
- Que usted merece ser escuchado.

Para cualquier persona en la vida es bueno contar con un mentor, que es un adulto de confianza que siente cariño por usted y que lo ayuda en su desarrollo por medio de amistad, consejos y apoyo. Los mentores son aun más importantes para las personas que no tienen buena comunicación con sus padres o son huérfanos.

HIJOS ÚNICOS

Muchas veces la gente asume que los hijos únicos son unos malcriados por recibir excesiva atención de sus papás, pero muchas veces son individuos que piensan y actúan de manera muy independiente, desarrollando su creatividad por pasar más tiempo solos.

ABUELOS

APROVECHE A SUS ABUELOS MIENTRAS LOS TENGA PORQUE:

- SON UNA BUENA INFLUENCIA Y PUEDE CONFIAR PLENAMENTE EN ELLOS.
- SON MÁS OBJETIVOS FRENTE A LOS PROBLEMAS CON SUS PAPÁS.
- SON EXCELENTES MENTORES.
- LES ENCANTA ALCAHUETEAR Y CONSENTIR.
- SE SENTIRÁN FELICES DE PODER COMPARTIR RATOS CON USTED Y RECIBIR UNA INYECCIÓN DE JUVENTUD Y, POR QUÉ NO, HASTA DE LA NUEVA GENERACIÓN.

VIVA CONTENTO

ACTÚE CON MADUREZ PARA QUE LO TRATEN IGUALMENTE:

- RESPETE A SUS FAMILIARES.
- RESPETE LA PRIVACIDAD, EL ESPACIO Y EL SUEÑO DE SUS HERMANOS.
- NO ACAPARE EL BAÑO, EL TELÉFONO, EL TELEVISOR NI NINGUNA OTRA COSA.
- ESTABLEZCA TURNOS Y RESPÉTELOS.
- ANTES DE USAR LO DE OTROS, PIDA PERMISO.
- NO CORRIJA A SUS HERMANOS, ESE ES OFICIO DE LOS PAPÁS.
- NO GRITE NI SE NIEGUE A ESCUCHAR.
- ESCUCHE A SUS PADRES Y LUEGO EXPRESE SU PUNTO DE VISTA CON CALMA.
- UNA COMUNICACIÓN ABIERTA CON SUS PADRES CREARÁ CONFIANZA Y SEGURIDAD.

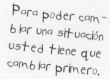

Para poder cambiar una situación usted tiene que cambiar primero.

El zoológico familiar

Una familia es disfuncional cuando su ambiente interno no es sano porque hay problemas afectivos, adicciones, abuso o trastornos psicológicos o emocionales.

En algunos de estos casos, como mecanismos de defensa, los niños adoptan comportamientos inconscientes como:

- ACTUAR CON EXCESIVA RESPONSABILIDAD PARA CONVENCER A LOS DEMÁS DE QUE SU FAMILIA NO TIENE PROBLEMAS.
- FANTASEAR Y SOÑAR GRAN PARTE DEL TIEMPO PARA ESCAPAR DEL PROBLEMA.
- LLAMAR NEGATIVAMENTE LA ATENCIÓN PARA DISIMULAR EL PROBLEMA REAL.
- ORGANIZAR EPISODIOS POSITIVOS PARA TRATAR DE ALEJAR EL DOLOR Y LA RABIA.

Hay personas que se acostumbran a desempeñar un papel y siguen haciéndolo de por vida; hay otras que cambian de rol según la ocasión.

Cuando los papás se abren...

Es el fin de una relación matrimonial. Puede ser una situación dolorosa que trae cambios difíciles de asimilar, pero también puede entenderse como un alivio a situaciones familiares tensas y agotadoras.

TENGA EN CUENTA QUE:

- LA SEPARACIÓN NO ES CULPA SUYA; POR TANTO NO TRATE DE REMEDIAR ALGO QUE NO PUEDE ENTENDER DEL TODO.
- AUNQUE ES PROBABLE QUE EN ADELANTE VEA MENOS A UNO DE SUS PADRES, AMBOS LO SEGUIRÁN QUERIENDO IGUAL.
- ACTUAR DE MANERA NEGATIVA PUEDE EMPEORAR CONSIDERABLEMENTE LAS COSAS.
- CADA SEPARACIÓN TIENE SUS RAZONES Y SUS REGLAS DE JUEGO; CONFÍE EN QUE LA DECISIÓN DE SUS PAPÁS SERÁ LO MEJOR PARA TODOS.

Con frecuencia, en el caso de los hombres, un divorcio los obliga a alejarse de su papá, cosa que puede generarles ansiedad adicional debido a:

- LA INCAPACIDAD INSTINTIVA DE LA MAMÁ DE SABER LO QUE UN HOMBRE NECESITA.
- EL INCREMENTO DE RESPONSABILIDAD, POR PASAR DE SER UN NIÑO A CONVERTIRSE EN EL HOMBRE DE LA CASA.
- LA POSIBLE ACTITUD DE RECHAZO DE LA MAMÁ HACIA LOS HIJOS VARONES EN VIRTUD DE LA EXPERIENCIA VIVIDA.
- LAS FRECUENTES COMPARACIONES NEGATIVAS DEL HIJO CON EL PADRE.

¿Me entiende?

La comunicación es la base de cualquier relación, social, sentimental o laboral. Para comunicarse bien y efectivamente evite:

- HABLAR POR HABLAR.
- QUEJARSE TODO EL TIEMPO.
- DECIR MÁS DE LA CUENTA Y HABLAR SÓLO SOBRE USTED.
- NO ESCUCHAR NI RESPETAR LAS OPINIONES DE LOS DEMÁS.
- PELEAR.
- DEJARSE MANIPULAR.
- SER EXPLOSIVO.

¿CUÁL ES USTED?

EL *CONTROLADOR:* maneja la conversación para manipular sus resultados.

EL *SOCIAL:* amigable y receptivo.

EL *DIRECTO:* frentero e imparcial y va al grano del asunto.

EL *INVESTIGADOR:* analiza todos los escenarios y sus posibles soluciones.

Rebelde porque sí

Crecer, independizarse y cuestionar es natural en la vida.
El deseo de afianzar su personalidad y posición como persona individual puede generarle sentimientos encontrados y llevarlo a cometer actos de rebeldía.

En estos casos, trate de recordar que no todas las batallas valen la pena, y que mientras más responsable sea su comportamiento, más confianza generará en la relación con sus papás y más libertad obtendrá.

¿REBELDE SIN CAUSA?

- ¿PROTESTA CONTRA LAS REGLAS BÁSICAS QUE HAN EXISTIDO SIEMPRE?
- ¿LO HAN SUSPENDIDO DEL COLEGIO POR MAL COMPORTAMIENTO?
- ¿SE HA VUELTO GRITÓN, GROSERO Y ABUSIVO VERBALMENTE?
- ¿BUSCA PELEA CON SUS PADRES POR CUALQUIER MOTIVO Y SIN SENTIDO?
- ¿MIENTE SOBRE LO QUE HACE O DÓNDE Y CON QUIÉN ESTÁ?
- ¿ROMPE LAS REGLAS DE LA CASA, SIN IMPORTARLE LAS CONSECUENCIAS?

Si contestó afirmativamente a 4 o más preguntas, puede estar cayendo en un estado de rebeldía incontrolada. ¡Tenga cuidado! ¡Mire a ver qué puede estarle pasando!

No culpe a los demás injustamente ni asuma la responsabilidad de algo que no haya hecho.
Actúe responsablemente, pensando en las consecuencias antes de obrar y decidiendo que está dispuesto a enfrentarlas.

Tatuajes

Son dibujos que se graban en el cuerpo, inyectando tinta dentro de la piel. Es bueno que sepa que son permanentes, a menos que esté dispuesto a someterse a costosos tratamientos con láser para retirarlos.

En muchas partes los tatuajes son ilegales para menores de edad. Todo tatuaje implica el riesgo de contraer infecciones bacterianas o virales, desarrollar alergia a la tinta o aburrirse del diseño escogido.

Si sigue con la idea de hacerlo, háblelo con sus papás e infórmese sobre el proceso para estar más preparado y poder detectar si algo anda mal:

- EL PAGO ES GENERALMENTE POR ADELANTADO; PIDA UN RECIBO.
- LO SENTARÁN EN UNA SILLA PARA TATUARLO; PUEDE SER EN UN CUARTO PRIVADO O CON MÁS GENTE ALREDEDOR. ASEGÚRESE DE SENTIRSE CÓMODO.
- LE LIMPIARÁN LA ZONA DEL TATUAJE CON ALCOHOL. DE SER NECESARIO LE AFEITARÁN EL ÁREA; EXIJA UNA CUCHILLA NUEVA Y DESECHABLE.
- EN ALGUNOS LUGARES TATÚAN LIBREMENTE, EN OTROS PONEN PRIMERO UN MODELO GUÍA PEGADO A LA PIEL.
- LE APLICARÁN UN UNGÜENTO SOBRE EL MODELO GUÍA, QUE AYUDA A QUE LA AGUJA SE DESLICE MÁS SUAVEMENTE SOBRE LA PIEL.
- LE INYECTARÁN TINTA DENTRO DE LA PIEL, SIGUIENDO EL DISEÑO ESCOGIDO, EMPEZANDO POR LA SILUETA Y LUEGO RELLENANDO LA FIGURA.
- AL TERMINAR LE APLICARÁN MÁS UNGÜENTO, Y LO CUBRIRÁN CON GASA Y ESPARADRAPO.
- EL REALIZADOR LE EXPLICARÁ DETALLADAMENTE CÓMO CUIDAR EL TATUAJE; TOME NOTA Y SIGA LAS INSTRUCCIONES PARA EVITAR INFECCIONES O MALA CICATRIZACIÓN.

Piercing

Es una perforación permanente en el cuerpo, de carácter estético. Como tiene riesgos de infección, si decide hacerse uno asegúrese de que el área esté limpia y desinfectada y que la persona que lo realiza use guantes y agujas nuevas y esterilizadas.

RECOMENDACIONES Y PASOS:

- TODOS LOS IMPLEMENTOS DEL PIERCING DEBEN ESTAR DEBIDAMENTE ESTERILIZADOS.
- SE DEBE LIMPIAR Y DESINFECTAR MUY BIEN LA ZONA CON ALCOHOL.
- EN EL MOMENTO DEL CHUZÓN, RESPIRE PROFUNDO.
- SIGA LAS INSTRUCCIONES DE CUIDADO PARA EVITAR INFECCIONES
- ESCOJA JOYAS DE TITANIO O ACERO QUIRÚRGICO, NO DE ORO O PLATA.
- RECUERDE QUE PUEDE TARDAR ENTRE 8 Y 10 SEMANAS EN SANAR.

El piercing no debe hacerse en estado de embriaguez o bajo efectos de alguna droga porque puede producir una subida de adrenalina y ocasionar vómito, desmayo o sangrado excesivo.

Pandilla y zancadilla

A la mayoría de los hombres se les enseña desde la niñez que no es "masculino" expresar emociones. Las pandillas son la manifestación negativa más contundente de este hecho.

En general, las pandillas están constituidas por individuos de grandes carencias económicas, poca educación y abierto rechazo por parte de la sociedad. De ahí su necesidad de llamar la atención y probarle al mundo su "masculinidad", como una forma de dar salida a sus sentimientos.

Pero, lo más grave, y tal vez lo más triste, es que estos jóvenes rara vez se dan cuenta de que la pandilla es un negocio de los jefes, que los atraen y utilizan para lucrarse con la venta de drogas, el homicidio, el cobro de vacunas y otras amenazas a la sociedad, exponiéndolos a perder la vida mientras ellos hacen plata.

¿CÓMO EVITAR LA TRAMPA?

Mantenga su mente despejada por medio de deporte y otras actividades sanas.

Busque la ayuda de un psicólogo si tiene problemas familiares y necesita ser escuchado. Recuerde que estos son profesionales entrenados para oír y ayudar a encontrar soluciones.

Tabaco

El tabaco contiene una sustancia altamente adictiva y nociva llamada nicotina, que afecta todos los órganos del cuerpo y puede producir cáncer.

El cigarrillo causa mal aliento, daña la piel, mancha los dientes, impregna el pelo y la ropa de un olor desagradable, afecta el estado físico, el desempeño sexual y es costoso.

Otras formas de consumir tabaco son la picadura de pipa y tabaco seco para mascar.

¿POR QUÉ SE FUMA?

Aunque ilegal para menores de edad, muchos adolescentes fuman por curiosidad o presión de grupo. Otros creen que esto los hace ver mayores o más sofisticados,

Alcohol

El alcohol es un producto de la fermentación de los azúcares naturales de frutas, vegetales o granos. Hay distintos tipos de alcohol y sus usos varían según el propósito.

¡NO TODOS SE PUEDEN CONSUMIR!

El alcohol puede ser un desinfectante de heridas, un componente de los productos de limpieza, un sedante o un licor.
En el trago, el alcohol tiene una acción directa sobre el sistema nervioso, actuando como depresor y retrasando las órdenes que el cerebro envía al cuerpo.

SIGNOS DE BORRACHERA
- REFLEJOS LENTOS
- LENGUA TRABADA
- EQUILIBRIO ALTERADO
- ACTITUD TONTA O AGRESIVA

El alcohol y las drogas aumentan el riesgo de depresión. Y aunque la persona típicamente busca en ellos un escape, corre el riesgo de caer en una depresión severa y cometer una estupidez.

¿Sabía que el consumo excesivo de alcohol en un tiempo corto puede producir envenenamiento e incluso muerte?

Drogas

Los hombres que fuman ciga-rillo, marihuana o toman, tienen 29 veces más probabilidades de usar drogas más fuertes más adelante. Utilizan las dro-gas como una forma de escape a los problemas, pero, una vez pasado el efecto, se dan cuen-ta de que el problema sigue ahí. Pero, para entonces, ya se han convertido en adictos.

Hay drogas legales, como los cigarrillos y el alcohol, e ilegales, que vienen en forma de pastillas, polvos o hierbas. Pueden producir euforia o depresión, son altamente adictivas y muy nocivas.

ALGUNOS EFECTOS

- ALUCINACIONES, PARANOIA Y VIOLENCIA
- DEPRESIÓN, INSOMNIO Y TEMBLADERA
- FALLAS PULMONARES, RENALES Y HEPÁTICAS
- MUERTE SÚBITA POR SOBREDOSIS

RUMBO A LA PESADILLA

1. Uso experimental: se hace con amigos, por curiosidad o para llevar la contraria.

2. Consumo habitual: empieza "escapándose del colegio", alejándose de los amigos y saliendo con otros que también "meten".

3. Obsesión: lo más importante es conseguir la droga, a cualquier precio, robando, prostituyéndose o traficando.

4. Dependencia total: no se puede funcionar sin droga.

Así las llaman en la calle: Marihuana, yerba, porro, cacho, varillo, bareta, dorrín, María Juana, Mary Jane, Gan-ya, mota, maracachafa, cannabis. Anfetaminas, metanfetaminas, speed. Cocaina, coca, nieve, pasta, pase, fuá. Bazuco. Poppers. Crack, cris-tal. Plantas alucinógenas, hongos, éxtasis, "X", "H". Heroína, shot, chutearse. Inhaladores. Fenciclidina, PCP, polvo de ángel. LSD (League of Spiritual Development), ácidos, trips, robots. Rubinol, pepa gamín, GHB.

Los que se venden

La prostitución es la venta de servicios sexuales. Los putos puéden ser de cualquier rango social y cada uno escoge los servicios que quiere ofrecer.

A MENUDO LOS ADOLESCENTES SE PROSTITUYEN PARA:

- REBELARSE CONTRA LA SOCIEDAD O LA FAMILIA
- GANAR DINERO RÁPIDO.
- SUBIR DE ESTATUS SOCIAL, AL HACERLO EN LUGARES DE ALTO RANGO Y RECIBIR COSTOSOS REGALOS DE SUS CLIENTES.
- RECIBIR GRATIFICACIÓN SEXUAL.
- ELEVAR SU AUTOESTIMA AL SENTIRSE DESEADOS.

¿DÓNDE LO HACEN?

- EN BARES O CLUBES
- EN LA CALLE
- POR INTERNET
- EN CASAS DE CITAS

Los putos que venden su cuerpo para relaciones con otros hombres no necesariamente son considerados gays.

RIESGOS:

- ABUSO DE DROGAS Y ALCOHOL
- CONTAGIO DE ENFERMEDADES DE TRANSMISIÓN SEXUAL
- ABUSO FÍSICO
- RECHAZO SOCIAL Y FAMILIAR
- AUTODESTRUCCIÓN Y SENTIMIENTO DE EXPLOTACIÓN
- PROBLEMAS LEGALES
- ADICCIÓN INCONTENIBLE A LA PLATA Y A LOS BENEFICIOS

Si descubre que tiene un talento especial, explótelo, no deje que la presencia femenina lo intimide.

Colegio mixto

Los colegios mixtos reflejan más la realidad del mundo, dándole la oportunidad de acercarse a las mujeres y formarse sus propias opiniones sobre ellas.

Sin embargo, a muchos adolescentes esta situación les genera presiones adicionales porque están más preocupados del qué dirán y del qué pensarán de ellos las mujeres.

Sólo para hombres

Los colegios masculinos tienen la ventaja de poder enseñar a través de sistemas de aprendizaje estructurados especialmente para hombres. Además, no existe la distracción que pueden producir las niñas, ni la necesidad de probar la "masculinidad". En estos colegios los hombres tienden a sentirse más libres para actuar en cualquier escenario.

Los alumnos de estos colegios tienden a tener una actitud más positiva hacia el plantel.

¿Clavado?

Las tareas y exámenes tienden a producir mucha presión y ansiedad, pero hay formas de hacerlos más fáciles de sobrellevar.

TAREAS:

- ANÓTELAS EN UNA AGENDA PARA PLANEAR MEJOR SU TIEMPO.
- NO DEJE QUE LO AGARRE LA NOCHE.
- ESTUDIE EN UN SITIO TRANQUILO, SIN DISTRACCIONES NI TENTACIONES.
- DEJE A SU NOVIA PARA OTROS MOMENTOS.
- APROVECHE LA MENTE FRESCA PARA SALIR PRIMERO DE LO MÁS DIFÍCIL.
- ESTUDIE CON SUFICIENTE ESPACIO, BUENA LUZ Y ASIENTO CÓMODO.
- SI NO ENTIENDE ALGO, LLAME A UN COMPAÑERO PARA QUE LE EXPLIQUE.
- APROVECHE LOS RECURSOS DE INVESTIGACIÓN.

¿Sabía que hay profesores que ponen a prueba la atención de los estudiantes con exámenes en los que sólo hay que leer atentamente las instrucciones para darse cuenta de que no hay nada para responder?

EXÁMENES:

- PONGA ATENCIÓN EN CLASE Y NO DEJE PASAR ALGO QUE NO ENTIENDA.
- PREPÁRESE ESTUDIANDO BIEN.
- LEA LAS INSTRUCCIONES Y LAS PREGUNTAS CON ATENCIÓN.
- PIDA ACLARACIÓN SI TIENE DUDAS.
- CONTESTE PRIMERO LO MÁS FÁCIL.
- CUANDO SE TRATE DE ESCRIBIR UN ENSAYO, ORGANICE SUS IDEAS MEDIANTE UN PLAN DE TEMAS O UN MAPA CONCEPTUAL.

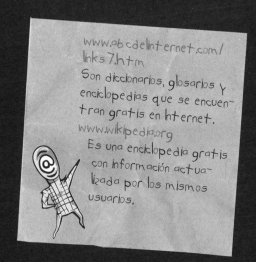

www.abcdelinternet.com/
links7.htm
Son diccionarios, glosarios y
enciclopedias que se encuentran gratis en Internet.
www.wikipedia.org
Es una enciclopedia gratis
con información actua-
lizada por los mismos
usuarios.

Si usted no tiene una gran biblioteca y necesita investigar o profundizar sobre algún tema recurra a los buscadores de internet:

Entre los más conocidos están google.com, yahoo.com, msn.com, altavista.com, excite.com, go.com, lycos.com

¿CÓMO UTILIZARLOS?

- ENTRE A LA PÁGINA DEL BUSCADOR.
- HAGA CLIC EN EL RECUADRO DE BÚSQUEDA Y ESCRIBA AHÍ LO QUE QUIERE BUSCAR.
- HAGA CLIC EN EL BOTÓN DE SEARCH O BÚSQUEDA Y ESPERE LOS RESULTADOS.
- SELECCIONE CON UN CLIC EL QUE LE PAREZCA MÁS CERCANO A LO QUE BUSCA.

PARA MEJORAR LA BÚSQUEDA:

1. Trate de ser lo más preciso posible. Por ejemplo, si busca información sobre la niñez de Gabriel García Márquez, tendrá mejores resultados si escribe García Márquez niñez, que si sólo escribe García Márquez.
2. Utilice las comillas para reducir el número de resultados o para definir algo muy específico que necesita encontrar; por ejemplo "Gabriel García Márquez" niñez.
3. Ensaye las búsquedas avanzadas (advanced searchs) disponibles de la misma manera en todos los buscadores.

Repetir año

Si tiene que repetir, acepte la realidad con una actitud positiva, hágase a nuevos amigos y aproveche para reforzar sus conocimientos.

ALGUNAS RAZONES PARA REPETIR AÑO ESCOLAR:

- BAJO RENDIMIENTO ACADÉMICO
- EXCESO DE AUSENCIAS
- ACTITUD NEGATIVA
- CAMBIO DE COLEGIO Y AJUSTES A LOS CALENDARIOS ESCOLARES
- PROBLEMAS DE SALUD
- PROBLEMAS DE APRENDIZAJE
- PROBLEMAS PSICOLÓGICOS, CRISIS FAMILIARES

Popular a toda costa

La popularidad es una de las presiones más difíciles de manejar. Hay quienes están dispuestos a hacer lo que sea para alcanzarla, y otros para mantenerla. Para estos, las víctimas que queden en el camino no son ni una consideración, ni mucho un impedimento.

APODOS PEYORATIVOS

Son apodos que hieren porque, a veces, aluden a una condición física o de carácter con la intención de hacerla evidente ante los demás.

SI USTED ES EL "PINOCHO":
- NO LES DÉ GUSTO, IGNÓRELOS.
- ACEPTE EL APODO CON HUMOR Y DELE LA VUELTA, NEUTRALIZANDO EN TEMA.

GRUPOS CERRADOS

Hay grupos cerrados que se creen superiores y se niegan a aceptar gente nueva dentro de su grupo.

SI LE CIERRAN LA PUERTA EN LA CARA:
- NO SE MERECEN SU ATENCIÓN, BUSQUE OTROS AMIGOS.
- NO LES DÉ LA SATISFACCIÓN DE VERLO DOLIDO.

CHISTES PESADOS

Hay gente que aprovecha cualquier circunstancia para hacer un chiste pesado, con todas las posibilidades de que se recuerde eternamente.

SI USTED SE LA GANÓ:
- APRENDA A REÍRSE DE SÍ MISMO.
- RECE PARA QUE A LOS DEMÁS SE LES OLVIDE.

Piense, ¿los populares son realmente populares, o lo son sólo entre su grupo?

Montadores

Los montadores son individuos que se comportan agresivamente con la intención de burlarse y humillar a los demás. Son un problema grave. Si usted es víctima de uno de ellos, busque la ayuda de un adulto, profesor o amigo mayor de confianza. Ellos pueden ponerle fin a esta situación, aunque no siempre evitará que en ocasiones usted se gane una paliza.

Breve perfil del temido montador: Inseguro, poco exitoso en el colegio, poco amigable. Se siente con derecho de pasar por encima de los demás. No le gusta nadie distinto a sí mismo ni acepta críticas. Siente necesidad de criticar a los demás y alimenta su ego a costa de otros.

El robo

Así piense que hay razones para justificarlo, robar es inaceptable. Es un mal hábito que, de no controlarlo, puede convertirse en vicio, con consecuencias que pueden ir desde lo vergonzoso hasta lo criminal.

La cleptomanía es una condición viciosa, poco común, en la que la persona siente necesidad de robar. En la mayoría de los casos los ladrones no son cleptómanos, roban por otras razones.

Si busca evitar una agresión física, entréguele al ladrón lo que quiera, ojalá tirándolo lejos de su alcance y salga corriendo de inmediato.

Darse en la jeta

EN PELEAS,

Tal vez lo mejor que puede hacer para evitar una pelea sea ofrecer disculpas, aun si no tiene la culpa. Otra forma puede ser "huir como un valiente".

EN ATRACOS

La mejor defensa ante un atraco es no oponer resistencia y entregar lo que pidan (a veces también lo que no pidan), sobre todo cuando el atracador está armado. La vida y la salud valen más que un reloj o una billetera.

EN DEFENSA PROPIA

Pelear de vuelta no es necesariamente la mejor estrategia. ¿Cómo defenderse, entonces, en estos casos?

CUANDO HAY AGRESIÓN FÍSICA:

- GRITE PARA PEDIR AYUDA. NO SE PREOCUPE, NO PASARÁ POR COBARDE.
- CUBRA CARA Y CUELLO CON LAS MANOS Y ECHE LOS HOMBROS HACIA ADELANTE.
- NUNCA PIERDA DE VISTA LAS MANOS DEL ATRACADOR.
- TRATE DE MANTENER LA CALMA Y DE MOSTRAR EL MENOR NERVIOSISMO POSIBLE.
- MUERDA, DÉ CODAZOS, RODILLAZOS O CABEZAZOS; LO IMPORTANTE ES SOBREVIVIR.
- PROTEJA SUS PUNTOS VULNERABLES Y, DE SER NECESARIO, ATAQUE LOS DEL OTRO:
  - GARGANTA: mande un puño justo debajo de la manzana de Adán.
  - TESTÍCULOS: deles un golpe con el pie o la rodilla.
  - NARIZ: trate de romperla de un golpe.
  - OJOS: métale los dedos directamente entre los ojos.

¡Odio el colegio!

- ¿SE BURLAN O LO HUMILLAN?
- ¿LE DESESPERA MADRUGAR?
- ¿NO LE VE LÓGICA A LAS TAREAS?
- ¿LE ABURREN LAS CLASES?

Si sus respuestas son positivas, es muy probable que usted sienta que odia a su colegio.

La buena noticia es que este sentimiento no es eterno. La mala es que si no hace un esfuerzo para ponerle término, puede acabar cometiendo una grave equivocación. Es muy difícil salir adelante en la vida sin educación.

Búsquele solución al problema o ignórelo hasta obtener su diploma.

Armas

Todas las armas son peligrosas y sólo deberían estar en manos de personas capacitadas y con licencia para usarlas. En los colegios y entre adolescentes las armas son inaceptables.

Si ve a alguien con un arma, aléjese y avísele a un adulto.

¡Fuera!

La expulsión del colegio se da cuando hay una violación grave de los reglamentos aceptados. Puede ser consumo de drogas, violencia, rebeldía, mal comportamiento reiterado, amenaza al colegio o exceso de ausencias. La expulsión no es un chiste, y no necesariamente significa que lo aceptarán en otro. En la mayoría de los casos, la única alternativa es validar.

DE COLEGIO EN COLEGIO

No todos los colegios son para todas las personas. Si usted siente que el suyo no cuadra con usted, hable con sus papás para evaluar las posibles causas y estudiar la eventualidad de un cambio de colegio.

PUEDE SUCEDER QUE EL COLEGIO:

 NO DISPONGA DE LAS FACILIDADES QUE USTED QUISIERA.

NO TENGA LOS MISMOS VALORES QUE USTED APRECIA.

QUEDE DEMASIADO LEJOS DE SU CASA.

También puede ser que usted tenga problemas de socialización.

¡Hágase rico!

A veces el dinero que le dan en casa no le alcanza y usted está en una edad en que quisiera tener sus propios recursos. Hay formas de empezar a ganarse unos centavos sin necesidad de tener aún título universitario.

I. Haga cosas caseras para vender: de comer, de decoración, etc.

Nota: si su colegio no lo prohíbe puede, por ejemplo, hacer tortas, galletas o chocolates para vender en los recesos. *(Ver pág. 143)*

2. Compre algún producto de moda al por mayor y véndalo al detal, con una discreta ganancia.

3. Préstele servicios a otros; saque a pasear el perro de alguien, por ejemplo, o lávele el carro a algún vecino periódicamente. Si usted es bueno en una materia, conviértase en tutor de algún alumno. Incluso ofrézcale algunos servicios a sus papás.

4. Ofrézcase a organizar colecciones de música, creando archivos electrónicos fáciles de cargar luego en un i-pod.

Antes de empezar un negocio
calcule cuánta plata le toca
invertir para empezar y cuánto tiempo puede dedicarle.
Escoja un tema que maneje y
le guste. Asegúrese de tener
el apoyo de sus papás.

La mina de oro

Ahora que tiene su propio dinero y sabe cómo producirlo, hay que aprender a sacarle el mejor provecho. Una buena manera es ahorrar la mitad de lo que se gane en un banco para ganar algunos intereses sobre esa plata con miras al futuro. De la otra mitad, utilice una parte para sus antojos y necesidades diarias y otra pequeña parte para ayudar a una obra social que lo haga sentir bien.

INTERÉS: es el precio pagado por tomar prestado el dinero de otro por un tiempo. Es como pagar un alquiler por dinero.
PRINCIPAL: es la cantidad de plata que se pide prestada.
TASA DE INTERÉS: es el porcentaje del principal que se paga como interés anualmente.

¡A moverse, caballero!

Los deportes y el ejercicio son claves para la salud. Un buen estado físico le ayudará a verse bien, sentirse bien y realizar sus actividades con energía y buen ánimo. No importa el ejercicio que escoja, lo que importa es ser constante.

Los deportes pueden practicarse como ejercicio o diversión, o con la intención de sobresalir y competir. Decida a qué nivel le interesan, pues los grados de entrenamiento y de estrés varían según el caso.

BENEFICIOS DE HACER DEPORTE:

- SUBE LA AUTOESTIMA.
- CONTROLA EL ESTRÉS.
- HACE DORMIR MEJOR.
- AUMENTA LA ENERGÍA.
- CONTRIBUYE A EVITAR EL SOBREPESO.
- AUMENTA LA FLEXIBILIDAD.

Si busca información sobre cualquier deporte en el mundo, el mejor sitio de internet, que tiene con links con todas las asociaciones internacionales de deportes, es:
www.agfisonline.com/en/members.phtm/

AERÓBICOS: ejercitan el corazón y los pulmones y ayudan a tonificar los músculos.

FLEXIBLES: ayudan a expandir la capacidad de músculos y coyunturas, y a evitar lesiones como esguinces o torceduras musculares.

MUSCULARES: Contribuyen a tonificar los músculos y a ganar fuerza.

Sabía que según el comité de los Juegos Olímpicos, el bridge, el ajedrez y el billar son considerados deportes

257

¿Qué hago si me rompen los dientes?
Recoger el diente o los dientes del piso, limpiarlos con leche, ponerlos de vuelta en el hueco original y sostenerlos con fuerza hasta llegar a un odontólogo. Debe tratar de llegar antes de 30 minutos, para poder salvar la raíz del diente.

Deportes competitivos

Cualquier deporte, individual o colectivo, puede ser competitivo. Pero llegar a niveles altos, requiere una dedicación y un entrenamiento permanentes.

Las competencias generan adrenalina en el cuerpo. En cantidad adecuada, ésta puede hacer que su desenlace sea muy favorable. Sin embargo, cuando se produce en exceso, puede convertirse en estrés y afectar negativamente su desempeño.

Si usted se estresa con frecuencia, antes o durante las competencias, al punto de experimentar dolores de cabeza o náuseas, valdría la pena reconsiderar si los deportes competitivos son una buena elección para su personalidad.

Accidentes

Morados: ocurren cuando por un golpe se sangra debajo de la piel. Para prevenirlos aplique frío y para quitarlos expóngalos al sol.

Ojo: un morado de vez en cuando no es grave, pero si de repente le aparecen muchos en el cuerpo y no encuentra la causa, consulte a su médico.

Deportes recreativos

Si tiene la posibilidad de ensayar muchos deportes de manera recreativa y de aprender al menos a defenderse en ellos, no lo dude. Por supuesto que los deportes necesitan práctica para mejorar. Pero también es cierto que lo que se aprende a una edad temprana no se olvida nunca. El hecho de poderse desenvolver en varios deportes le dará más seguridad en sí mismo y la posibilidad de integrarse socialmente.

Los deportes recreativos pueden ser los mismos competitivos, pero practicados con el fin de pasar un buen rato y hacer ejercicio. Como usted pone sus propios horarios y mide su propio progreso, no deben generarle estrés. Como por lo general no hay entrenadores involucrados, tenga cuidado de no excederse o accidentarse.

TENGA EN CUENTA:

- ESTIRAR LOS MÚSCULOS ANTES Y DESPUÉS DE PRACTICAR EL DEPORTE, MANTENIENDO FIJA LA POSICIÓN DE ESTIRAMIENTO POR 20 SEGUNDOS.
- TOMAR SUFICIENTE AGUA.
- USAR ROPA CÓMODA Y PROTECCIÓN ADECUADA PARA CADA DEPORTE.
- SUSPENDER DE INMEDIATO CUALQUIER ACTIVIDAD DEPORTIVA SI SIENTE INCOMODIDAD, DOLOR O AHOGO AL REALIZARLA.

Ojo con los suplementos deportivos

Los suplementos deportivos son productos diseñados para mejorar el rendimiento. Muchos atletas los utilizan con la idea de ganar fuerza, incrementar su musculatura y modificar el peso. Sin embargo, no son la mejor opción, además no hay garantía de los resultados e incluso podrían llegar a ser peligrosos. Aunque es normal sentirse insatisfecho con el cuerpo durante la adolescencia, esta no es la salida. Algunos de los más comunes son:

ESTEROIDES O ANABÓLICOS

En general se trata hormonas parecidas a la testosterona. Se usan para aumentar los músculos y se pueden inyectar o pegar como parche. Los atletas los usan para ser más rápidos y aumentar sus músculos. En la actualidad hay un fenómeno grave pues los adolescentes los utilizan para tener cuerpo de modelo, sin necesidad de hacer deporte.

RIESGOS:

- ATROFIAN EL DESARROLLO NORMAL.
- CAUSAN ADICCIÓN.
- AL COMPARTIR AGUJAS DE INYECCIÓN PUEDEN TRAER CONTAGIOS COMO EL VIH.
- ENCOGEN LOS TESTÍCULOS.
- HACEN SALIR SENOS.
- PRODUCEN ACNÉ Y PÉRDIDA DE PELO.
- ESTIMULAN REACCIONES VIOLENTAS.

HORMONA DEL CRECIMIENTO

Es prescrita por los médicos cuando una persona no tiene un crecimiento apropiado. Mal empleada, altera el desarrollo y los niveles normales de muchas de las hormonas del cuerpo. Es peligrosa.

CREATINA

Es una sustancia que se encuentra naturalmente en el cuerpo. Hay quienes creen que aumenta los niveles de energía. No se conocen sus efectos a largo plazo, pero puede aumentar el peso, producir deshidratación, diarrea y dolor de estómago.

QUEMADORES DE GRASA

Se usan para perder peso o aumentar energía, acelerando el metabolismo. Son muy peligrosos porque pueden ocasionar ataques o problemas del corazón.

BEBIDAS Y BARRAS ENERGIZANTES

Son productos que prometen nutrir, incrementar la energía, aumentar la capacidad de concentración o mejorar el rendimiento deportivo. Tomar una de vez en cuando, si la otra opción es no comer nada, es aceptable. Pero, finalmente, son sólo carbohidratos, azúcar y cafeína comprimidos, que lo harán engordar, sin llegar nunca a reemplazar los beneficios energéticos de una comida balanceada.

Maximice su potencial atlético
• Evite el cigarrillo y la droga porque deterioran el cuerpo y ponen en riesgo su futuro atlético.
• Coma saludablemente sin saltarse ninguna comida.
• Descanse suficientemente y duerma bien.

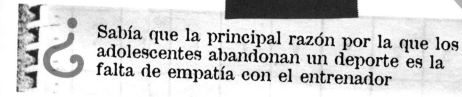
Entrenadores

SIGNOS DE UN BUEN ENTRENADOR:

- LE AYUDA A MEJORAR SU RENDIMIENTO.
- LO ACONSEJA Y AYUDA EN SU VIDA PERSONAL.
- NO LO DEJA DESANIMARSE FRENTE AL DEPORTE.
- ES BUEN LÍDER.
- LO INSPIRA PARA LOGRAR SUS METAS.
- CONOCE Y MANEJA LAS REGLAS DEL DEPORTE.
- ESPERA QUE USTED DÉ LO MEJOR, NO QUE SEA PERFECTO.
- ES RESPETUOSO.
- SE ENFOCA MÁS EN MEJORAR QUE EN GANAR.

Caso extremo

Dependiendo del deporte, no se sorprenda si algún día su entrenador le recomienda no eyacular antes de un torneo.

Por otro lado, algunos deportistas utilizan la masturbación como medio de relajación y de deshacerse del estrés típico en los días y momentos anteriores a una competencia.

Así se hizo Púberman

I. BOCETO A LÁPIZ: por medio del lápiz se crearon y distribuyeron las figuras que aparecerían en la viñeta, según principios de composición como balance, equilibrio, variedad y contraste.

2. SOMBREADO: también con el lápiz se definieron las líneas que luego se trazarían con tinta.

3. ENTINTADO: se trazaron las líneas con tinta y se borró el lápiz.

4. COLOR PLANO: partiendo de una gama definida de colores, se decidieron aquellos que se utilizarían en la viñeta. Primero se seleccionaron los de los personajes y luego los del paisaje.

5. BRILLOS Y SOMBRAS: se marcaron los volúmenes para darles profundidad a los dibujos, teniendo en cuenta los focos de luz. Primero se definieron los brillos y luego las sombras.

6. **FONDOS:** se creó la escenografía o lugares donde ocurriría la historia.

7. **AMBIENTACIÓN:** se dio un matiz homogéneo a la composición, pensando en el tiempo, el clima, las texturas y los efectos de la historia.

Índice